金铁木作品集

金铁木作品集

大秦军团

Da Qin Juntuan

金铁木 著

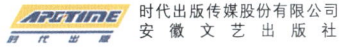
时代出版传媒股份有限公司
安徽文艺出版社

图书在版编目(CIP)数据

大秦军团/金铁木著.—合肥:安徽文艺出版社,2017.4
(金铁木作品系列)
ISBN 978-7-5396-5950-3

Ⅰ.①大… Ⅱ.①金… Ⅲ.①纪实文学-中国-当代
Ⅳ.①I25

中国版本图书馆 CIP 数据核字(2016)第 292000 号

出 版 人:朱寒冬	出版策划:朱寒冬 蒋 晨
责任编辑:姜婧婧	装帧设计:褚 琦

出版发行 时代出版传媒股份有限公司　www.press-mart.com
　　　　　安徽文艺出版社　www.awpub.com
地　　址:合肥市翡翠路 1118 号　邮政编码:230071
营 销 部:(0551) 63533889
印　　制:安徽联众印刷有限公司　(0551)65661327

开本:710×1010　1/16　印张:18.5　字数:250 千字
版次:2017 年 4 月第 1 版　2017 年 4 月第 1 次印刷
定价:56.00 元

(如发现印装质量问题,影响阅读,请与出版社联系调换)

版权所有,侵权必究

序

纵览世界历史就可以发现，公元前3世纪应该是属于中国人的。在亚历山大帝国之后，罗马帝国之前，中国第一个皇帝创建的大秦帝国赫然出现在世界的东方。对于中国人来说，那是一段魂牵梦萦的历史。

两千多年过去了，真相慢慢地消逝在时间的长河当中。历史像沙漠中的动物尸体，逐渐被沙尘风干和掩埋。大秦帝国不再生动、不再有血有肉，那些渴望感知祖先"形象"的人只能在想象中接近历史的幽灵。

1974年，当秦始皇的兵马俑被发现的时候，整个世界都为之激动。我们终于有机会直面历史，触摸活生生的历史。那个波澜壮阔的时代似乎正在穿过一层层的迷雾，向我们走来。

2000年的冬天，为了撰写纪录片《复活的军团》的剧本，我在陕西西安的兵马俑博物馆"徘徊"了一个月。站在成千上万的兵马俑面前，时间和空间很容易错位，这些雕塑将时间定格，将空间凝固。我能够感觉到历史正在呼吸。

两千多年前，是什么力量塑造了这支创造了历史的军队？博物馆中秦军的武器制作精良,至今熠熠生辉。青铜剑的造型是独一无二的;青铜箭头的外形轮廓,竟然与今天的步枪子弹完全相同……我几乎每天都处在亢奋当中。那些兵马俑、那些青铜武器,它们令我震惊、令我感动!我知道,就在它们的背后,隐藏着一个帝国的秘密,隐藏着一个不能被遗忘的时代……

在随后的三年时间里,我完全成了一个秦史发烧友。我浏览了几乎所有与"秦"有关的历史文献和资料;拜读了我能够找到的秦史专著和论文……从2001年8月到2002年2月,整整半年时间,沿着当年秦人留下的足迹,我跑遍了中国的14个省和自治区,造访了几乎所有的秦人遗址,参观了100多家大大小小的博物馆,接触了上万件秦以及与秦同时期的文物……行程将近10万公里。那部纪录片和这本书就是在这样的背景下出炉的。

在本书的写作过程中,我试图在三个方面有所强调。一、本书采用讲故事的方式,还原历史的血肉和生动,希望更多的读者能够感兴趣(历史本来就是人的历史,它应该是活生生的);二、本书的探索主要以考古证据和历史文献为依托,为的是坚持历史写作的本质——科学的方法和严谨的推理;三、本书的特色在于自成系统的图片资料,这些图片既可以帮助读者逼近历史,也增加了阅读的趣味性。

我要感谢北京科教电影制片厂的厂长薛继军先生,没有他的支持,就没有那部叫《复活的军团》的纪录片,本书也就不会诞生;感谢麦点文化的周晓斌先生及安徽文艺出版社的朱寒冬社长,没有他们的努力,本书也不会如此顺利地出版。

金铁木

目·录

序 / 001

第一章　岂曰无衣：秦军的崛起
秦人的远祖 / 003

造父与非子 / 007

初起西陲 / 012

东方前线的第一战 / 016

穆公霸业 / 022

秦景公的野心 / 029

第二章　商鞅的贡献：铸造秦军的一次变法
秦孝公时期的秦国与列国 / 039

"求贤令"与商鞅 / 046

商鞅的"农战"之法 / 051

秦简里的秦军 / 069

都江堰与郑国渠 / 083

举国之战 / 092

第三章　修我甲兵：秦军的兵器与战阵

烽火王师——宏伟的地下军团 / 099

锋芒所向——青铜秦剑的魅力 / 106

缤纷青铜——秦军兵器的种类 / 116

标准化——超越时代的兵器工业 / 126

兵器之利——秦军军阵的前锋 / 134

威力军队——古代战争的撒手锏 / 140

泰山压顶——秦赵长平决战 / 144

等级分明——秦军的军衔制度 / 154

第四章　胜利东进：一统天下的军事传奇

秦惠文王——开启秦军一统天下的步伐 / 163

秦昭襄王——成就秦军的威名 / 172

吕不韦——一位商人政治家对秦军的贡献 / 186

始皇帝——一统天下的军事传奇 / 197

第五章　与子偕行：不能被遗忘的辉煌

不朽的工程——灵渠、长城与秦直道 / 213

天堑变通途——秦人的军用高速公路 / 226

车马辚辚——秦人的造车技术 / 231

第六章　最后的绝响：在复活中永生

帝国的崩溃 / 243

最后的秦军 / 255

在复活中永生 / 277

附录　秦国历代君王表 / 288

第 一 章
岂曰无衣：秦军的崛起

正是勇武的秦人，让中华民族实现了前所未有的大一统，使各个民族生活在了相同的制度和相同的文化之中。

那么历史上这支统一了中国的秦军究竟是一支什么样的军队？他们强大的根源何在？他们靠什么建立了空前的丰功伟业？

要了解这支秦军，我们首先要了解秦人。要了解秦人和秦军的品质，我们不能不从秦人的远祖开始讲起，看他们如何一步步披荆斩棘，在围困中突破重围，在裂变中走向强大，从而成就了一支战无不胜、横扫六国的传奇军队。

秦人的远祖

根据司马迁《史记·秦本纪》的记载,能追溯到的、最久远的秦人祖先为颛顼的后裔女修。因为颛顼为黄帝之孙,所以秦人也就有了黄帝后裔的说法。根据秦人的传说和《史记》的记载,女修在织布的时候,有玄鸟,也就是燕子落下产了一个蛋,女修吃了这个蛋就生下了儿子大业。这个吞鸟卵而生子的传说应该最早说明了秦人的祖先属于东夷鸟图腾的一个部族。根据司马迁的记载,秦人后来将其族裔分封到了很

带有鸟类图腾的瓦当

多地方，其后裔以国为姓，这些姓氏诸如徐、莒(jǔ)、终黎、费廉、修鱼、白冥等，大多在山东、安徽一带，而这一带就是远古东夷的活动地带，因此秦人的先祖应该属于鸟图腾的部族无疑。

话说女修吞卵而生大业，这个大业后来娶了少典部族，也就是生了轩辕黄帝的那个部族的女华，然后生了儿子大费，这个大费还有一个名字叫柏益、伯益或者伯翳，这位大费可是辅助大禹治水的一位了不起的英雄。治水成功之后在舜帝奖励大禹的时候，大禹也没有忘记这位极为得力的下属的功劳，所以舜帝也奖励了大费，奖品包括一面黑色的旌旗，并将他任命为东夷部落的首领。从此秦人的先祖拥有了属于自己的土地，同时赏赐的还有一位婀娜的姚姓美女、一个姓氏——嬴。秦人的祖先就此为其后人赢得了第一段励志、辉煌的家族史，也从此让秦人的部族有了一个重要的标识——嬴姓。

> 秦之先，帝颛顼之苗裔孙曰女修。女修织，玄鸟陨卵，女修吞之，生子大业。大业取少典之子，曰女华。女华生大费，与禹平水土。已成，帝锡玄圭。禹受曰："非予能成，亦大费为辅。"帝舜曰："咨尔费，赞禹功，其赐尔皂游。尔后嗣将大出。"乃妻之姚姓之玉女。大费拜受，佐舜调驯鸟兽，鸟兽多驯服，是为柏翳。舜赐姓嬴氏。

此后嬴氏的先祖伯益就开始担任为舜帝驯养野禽和走兽的职务，从此开始秦人的部族便拥有了驯养和驾驭走兽的传统和特长，我们会在后面看到很多秦人的先祖都担任着为王者驾驭车马的职务。这个为秦氏部族赢得了荣耀的伯益，大禹即位后继续受到重用，被任命为执政官。在传说中，大禹想禅位于伯益，于是导致了大禹的儿子启与伯益的矛盾，有关的史籍记载因为争夺部落联盟首领的位置，启发动了征伐东夷部落的战争，最终伯益被夏启所杀，由此引发了东夷部落与夏

汉代四川新津崖墓石刻画像拓片"朱雀",其形象与秦人祖先鸟图腾上的形象十分相似

启王朝的战争,史称"有扈之乱"。

这个伯益生了两个儿子,一个叫大廉,也就是鸟俗氏,一个叫若木,也就是费氏。费氏的玄孙叫费昌。此时已到夏桀统治时期,因为夏桀的残暴统治以及夏王朝和东夷部族的宿怨,费昌归顺了商汤,获得了为商王御马驾车的机会,并协助商王在鸣条这个地方最终打败了夏桀。大廉的玄孙叫孟戏、中衍,传说描述这两个人虽说人话,却长得像鸟。从这一点我们可以进一步看出,孟戏、中衍的部族一直保持着东夷一带鸟图腾部落的鲜明特征。在太戊帝即位后,听说了孟戏、中衍的才能,便按照惯例用甲骨给他们进行了占卜,结果显示吉利,于是他们便得到了太戊帝的器重。这次两位秦人的先祖不仅成了为太戊帝驾驭车马的人,而且还获得了商王的赐婚,从中衍之后,其子孙都辅佐商王,所以嬴姓在有商一代就成了贵族,并最终在日后不断开拓进取,而成为一方诸侯。

其实我们要考察下商人的部族,也会理解秦人的先祖和商人关系极其密切的原因。《诗·商颂·玄鸟》谓"天命玄鸟,降而生商",《史记·殷本纪》谓帝喾次妃简狄取吞玄鸟遗卵而生契,这些都是商部族图腾祖先崇拜的孑遗,而这些图腾标识与秦人先祖的图腾标识如此相同,只能说明这两大部族在远古有着相近甚至相同的图腾符号,也可能他们都同属于鸟图腾部族的联盟。所以有才能的秦人先祖,也就很容易获得商王的器重,于是被委派到边陲保卫大商的西部边疆。

来到西部边疆保卫大商西部边陲的是中衍的玄孙中潏。中潏生了蜚廉,这个蜚廉长于奔跑;蜚廉生了恶来,恶来力大无穷。父子俩凭借着自己的本事侍奉着商王,最终恶来因为保卫大商被伐纣的周武王所杀,蜚廉为商王出使北方部族,回来的时候商王朝已经成了历史,周武王已经一统天下。蜚廉生的儿子叫季胜,季胜生了孟增,孟增的儿子叫衡父,衡父的儿子造父成了秦人部族发展的一个转折点。

造父与非子

造父和自己的很多先祖一样,也是一位善于御马的高手,因此也获得了此时在位的周穆王的青睐。造父与周穆王的岁数相近,都爱名马,且擅长狩猎。周穆王封造父为御马官,专管天子车舆。一次,造父出游,在潼关一带获得骏马六匹,并知潼关东南山中的桃林产名马。当时,周天子车乘的八匹骏马,需品种统一,毛色无杂。造父得六匹名马,若献给周穆王,还少两匹;若留为己用,其品种又都优于穆王车乘之马,自感不安。于是,造父向穆王奏明原委,决定亲自入桃林寻良马,补足八匹,送给穆王。周穆王见到这六匹宝马已是喜出望外,为了获得八匹骏马,便催促造父尽快寻良马,以换新乘。据《史记·赵世家·正义》记载:桃林之地,"广阔三百里",树木参天遮天蔽日,捕获千里良驹,委实非常困难。造父在桃林之中,风餐露宿,入蛇蟠之川,闯虎穴之沟,终于获良马两匹,合原六匹为二乘(周天子的车为二乘,一乘马四匹)。周穆王万分喜悦,当即赐造父亲捕的两匹良马名为"骅骝""骒骍"。

获得了这八匹骏马,周穆王心生欢悦,游性大起,于是带领着随从开始驾车西游。古文献记载的周穆王会见西王母的神话故事就发生在这次西游的过程中。周穆王没有料到的是,此时徐偃王趁机作乱,在这

汉代武氏祠石刻
画像(局部)

紧急的关头,造父亲自为周穆王驾车,及时赶回平定了叛乱。周穆王因造父的功劳,将"赵"这块地方赐给了造父一族,于是在嬴氏一族的发展过程中旁出了"赵"氏一支,这也成了后来的诸侯国晋国和赵国。既然这些秦人的祖先都成了赵人,那么最终成了秦人,并成就了后来的大秦帝国的又是谁呢?

原来被周武王所杀的恶来的一支也延续了下来。恶来的儿子叫女防,女防生了旁皋,旁皋生了太几,太几生了大骆,大骆生了成和非子。因为造父的功劳,嬴姓部族成了嬴赵氏。

这个非子和自己的族人居住在一个叫犬丘的地方,这个地方位于今天陕西省兴平市东南约4公里的阜寨乡附近。这个非子和自己的族人依靠祖辈传下来的手艺饲养着马匹和其他牲口。他们饲养的马匹应该极为矫健健壮,因此声名鹊起,最终被相关人士报告给了周孝王。

此时的周孝王忧心忡忡,因为北方的戎狄不断侵扰着周人的国土,国家急需大批的战马,所以在汧水、渭水之间这块土壤肥沃的天然牧场大肆繁殖着马匹,希望能为国家贡献出上等的战马,而周孝王每年都要视察国家的牧马场。大概就在周孝王为国家饲养的马匹质量忧虑的时候,牧场的一位犬丘人便将自己所知的牧马专家非子介绍给了周孝王。周孝王知道了非子有善于养马的才干,可谓"踏破铁鞋无觅处",急切地找到了这位牧马"达人"。周孝王问到养马之道,非子对答如流,对于马匹的调养、训练、繁殖和疾病防治等,都能说出一套高超的办法,表现出了良好的家学修养。周孝王听后十分高兴,便决定让非子到汧水、渭水之间主管国家牧场的马匹饲养。非子受命后悉心饲养着几乎事关国家命脉的马匹,这些马匹在非子的照料和饲养下雄俊无比,且繁殖的数量也越来越多。周孝王认为嬴人的先祖为舜帝治水、驯马能够获得舜帝的封赏,非子为自己主管国家战马的饲养,也应该得到一些封赏。于是周孝王便将一块方圆不足五十里的秦邑(今甘肃天水市清水县秦亭)赐给了非子,于是非子开始号称"秦嬴"。从此开始,"秦人"这个称呼出现在了中国的历史上。虽然秦地此时不过是不足五十里的附庸,却终于是秦人自己的一块领地,而这块领地也将是秦人走向帝国的一个原点。大骆的长子成继承了犬丘的封地,而犬丘一带的秦人在周厉王时被西戎人所灭。

想必非子当时怎么也没有想到,自己凭着才干,不仅为自己的部族赢得了一块封地,更因此避开了灭族的灾难而延续了秦人的血脉;也因为获

> 秦人究竟从何而来,史学界流行三种说法:一为"东来说",秦人从现在的山东一带迁移到了西部;二为"西来说",秦人来自于甘肃以西的地方;三为"土著说",秦人就是甘肃本土的一个部族。

甘肃礼县大堡子山,秦人第一次建都的地方　　　　　　　　　　　　　　　　　　犬丘

封了"秦邑"这块属于自己的领地,自己的族人将会由此开疆拓土,并将要成就中华文明最早的帝国。

公元2004年,由甘肃省文物考古研究所、陕西省文物考古研究院、北京大学考古文博学院、国家博物馆、西北大学文化遗产学院五家单位联合组成课题组,启动了早期秦文化的调查、发掘与研究项目,经过十年的考古发掘和研究取得了丰硕的成果,基本确定李崖遗址就是秦人非子的封地——秦邑,早期秦人的考古学文化也证实了秦人来自东方的历史记载是可靠的。

非子成了秦人的第一代领袖,而中国历史上即将统一中国的秦人也就此诞生了。他们将从一块方圆不足五十里的领地不断地繁衍生息、昂扬奋进、开疆拓土,他们的不断成长和壮大以及将来对这个世界的征服将要震惊整个东方,甚至整个世界。

非子为秦人的发展赢得了第一块根据地,中国历史上从此有了秦人的身影。

秦人以牧马起家,在西戎人的包围下一开始就为了部族的生存而战,秦人好战而勇武的品格就这样逐渐被培养了起来。伴随着秦人的武装力量——秦军应运而生,一支将要冲出西陲、影响中国的军队就这样逐渐在成长着。

常年的战争加剧了西周王朝的社会危机,周幽王即位后更加剧了已有的社会矛盾。"烽火戏诸侯"的闹剧之后,各路诸侯对于周王朝几乎已经不再有任何信任,当西方的犬戎部落和申候联合来攻打镐京时,诸侯们并没有来救驾,周幽王最后只能被犬戎人杀死在了骊山脚下。

在这个最为关键的时候,正是秦人的武装及时击退了犬戎人,挽救了周王朝。在动荡中即位的周平王为了避免犬戎人再次的侵扰,决定迁都洛邑,同样又是秦人一路护送,将周平王的迁都队伍护送到了洛邑。

秦人的功劳挽救了危局中的周王朝,周王朝也给予了秦人应有的赏赐。秦襄公获得了周王的封爵,秦人的部族从此成了真正的诸侯国。

周室东迁意味着周王室开始衰落。从此开始,周天子几乎只是维持着一个"天下共主"的名号,各个诸侯国不仅各自为政,而且互相之间也开始了争夺杀伐,历史就此开始进入了春秋争霸的峥嵘岁月。

那么在群雄争霸的峥嵘岁月里,秦人如何在诸侯国的包围中一步步突破重围、走向强大?

初起西陲

非子为秦人获得了秦邑,和一个"秦嬴"的称号,于是秦人开始在属于自己的领地繁衍生息、效力周王。

非子的儿子是秦侯,秦侯带领秦人奋斗了十年就去世了,其子公伯也只掌握族权三年。公伯的儿子秦仲则是第一位真正为周王建功立业并因此而为国家捐躯的秦人领袖。秦仲公元前844年执掌部族大权时,周厉王在位。

公元前841年,周厉王三十八年,也是我国历史记载有确切纪年的开始,这一年国人因不满周厉王的暴政,揭竿而起、围攻王宫,导致周厉王逃到彘地,也就是今山西霍县东北。而在国家的西部边陲,西戎部族在反叛中开始攻打犬丘,并将生活在犬丘一带秦人近族——大骆部族全部歼灭,周王朝的西部边陲形势骤时紧张起来。在这样的背景下,诸侯推举召穆公、周定公代行天子职务,这就是中国历史上著名的"共和执政"。

共和执政的第十四年,也就是公元前828年,这一年周厉王在彘地去世,而在召穆公家成长的太子也终于长大,召穆公、周定公以及诸侯便拥立太子静继位,是为周宣王。

公元前 824 年,周宣王任命秦仲为大夫,也正是在秦仲在位时,秦人开始真正拥有了车马、礼乐等大夫才能够拥有的官方待遇,让秦人有了能够真正一步步走向强大的基础。在秦仲的率领下,秦人的军队开始反击反叛的西戎部族,然而这场反击战进行得并不顺利,在进行到第三年的时候,也就是公元前 822 年的时候,秦仲在这场反击战中阵亡。长子庄公即位后继续率领部族反击西戎部族,并成功打退了西戎的部族,为周王朝重新夺回了犬丘失地。于是秦庄公不仅被周宣王封为"西陲大夫",而且包括犬丘在内的封地都被赏赐给了秦嬴部族,于是秦人的武装用血汗和忠诚让自己的领地又进一步获得了扩大。

大堡子山出土的秦文物

根据《史记》的记载,秦庄公获封"西陲大夫"之后就开始居住在西犬丘。从这个时候开始,我们便能看到越来越多的故事演绎着秦人的血性和刚勇,以及秦军最初的凌厉和不屈的传奇。

庄公的长子叫世父,是一位极具血性的汉子,他将部族继承人的位置留给了弟弟嬴开,自己率着军队去攻打西戎人。临行前他这样说道:"西戎人杀死了我的祖父,我不杀死西戎人的首领,我就誓不归来。"秦人的这些先祖就这样用自己的行动影响着,甚至塑造着自己部族和军队的血性和品质。

第一章 岂曰无衣:秦军的崛起 | 013

秦襄公继位后的第二年,西戎人再次包围犬丘,世父率领部族与西戎人再次展开了激烈的大战,最后不幸被西戎人俘虏,随后又放了回来。此前秦襄公将他的妹妹嫁给了西戎的丰王,我们今天已经无法确知襄公将妹妹嫁给这个世仇部族的原因,或许有化解两个部族世仇的因素,但最后或许也正是因为这位妹妹的缘故,世父才得以全身而归。

因为常年的战争,导致国力日衰,加剧了西周王朝的社会危机,加上周宣王晚年独断专行、不纳忠言、滥杀大臣,宣王的中兴遂成昙

秦人居住的黄土高原(大型史诗纪录片《神秘的西夏》剧照)

花一现。

在历史的关键时刻,秦军的功劳挽救了危局中的周王朝,周王朝也给予了秦人应有的赏赐,秦襄公获得了周王的封爵,从此成了真正的诸侯,岐山以西的土地也从此归属秦人所有。同时周王为了激励秦人继续彻底击败西戎人,与秦襄公立了誓言,说西戎人不讲信义,夺取了我们的岐山、沣水之地,如果能够将这些失地收复,那么这些土地都将归秦人所有。

公元前766年,秦襄公率领秦人的军队攻打岐山,不幸在到达岐山时逝世,随后秦文公即位。从文公开始,秦人从各个方面开始建设和完善自己的国家制度,包括军队建设,为成为一代霸主做着物质和智力的准备。

东方前线的第一战

秦文公即位后，建立了秦人第一个真正意义上的都邑，《史记》将其称为"西垂宫"。今天的考古学家根据秦人的陵园与都邑的位置的规律，确定西垂宫应在甘肃大堡子山一带。

秦文公后来带着自己的兵卒外出打猎，发现了汧水（又写作"千水"）和渭水汇合处的这一片土地，这片周王给予秦人先祖的土地吸引了文公，于是他决定在这片土地建造秦人的第二座都城，也就是"汧渭之会"。

在汧渭之会，文公大刀阔斧地进行了很多突破性的改制活动。文公十年，建造了大型的祭坛，有了祭祀天地的盛大礼仪活动，这对于一个上古的民族来说，不仅意味着一个民族的强盛，也意味着一种强大的凝聚力。秦文公十三年，也就是公元前753年，秦人开始设置史官来记载自己民族的历史，从此秦人更加快速地走向了文明和开化；同时，这些改革也很自然地影响着秦人军队的建设以及秦军的士气。

秦文公厉兵秣马，几年后再次打败了西戎人，为部族的稳定发展暂时扫清了障碍，而岐山以东的地区则依约归还给了周王朝，岐山一带的周室移民则开始成为秦人的一员。秦人就这样在秦军的护卫和开

秦人在黄土高原上逐渐壮大

拓下一步步走向强大。

秦文公在位期间的改制,最为浓墨重彩、对于后世的秦制影响最大的应该就是刑罚的设立。"法初有三族之罪",于是诛灭三族第一次出现在了中国历史上,也成了秦人部族最为残酷、牵连面最广的一种刑罚。可以说,文公为秦人的历史奉献了第一次变法运动。后来的武公对杀了前一任即位的出子的三父等人进行了诛灭三族的刑罚,现在我们无法确定这是否就是秦人在中国历史上第一次真正实施诛灭三族的惩罚,但是我们可以想象这种过于残酷的刑罚对"创业"时期秦人社会的稳定有着相当的震慑力度。我们可以看出,文公"三族之罪"的变法最大限度地将秦人的意气和精力集中在对秦人和秦军的发展壮大有积极意义的事务上。

秦文公之后的秦宁公、秦武公同样展示了秦人"创业"时期的血性和刚勇,对周围的几大部族进行了有力的征伐,而秦人的军队则在一次次的对外征伐中不断地发展壮大。

正是秦武公在位期间,晋国灭掉了霍、魏、耿三个小国,开始成为诸侯国中的强者,而后来的魏国成了秦人后来最直接的敌人。此时,远在东方的齐国,齐国的公族公孙无知、管至父、连称杀了他们的君王齐襄公,公孙无知自立君王。然而不到一年,时任渠丘大夫的雍廪便杀了公孙无知,拥立了齐桓公即位,于是一个真正的强国就要出现在诸侯林立的东方。

而中国的历史就这样进入了春秋争霸的历史阶段。

秦武公去世后,武公的弟弟秦德公即位,德公住在了雍城的大郑宫。雍城是秦人的历史上作为都城时间最为长久的地方,在自秦德公

上庸（计算机模拟复原图）

元年(前677年)至秦献公二年(前383年)的长达二百九十四年的时间里,秦国前后有19位国君在这里执政。雍城是以河流为城的"城堑河濒",可谓"水上秦都"。秦以水御敌两百年后才建筑了秦人的城墙。雍城的位置在今天的陕西宝鸡凤翔境内,根据考古资料,我们可以知道秦人在雍城的近三百年发展中的富足程度。

值得一提的是公元前238年,未来的始皇帝、即将统一中国的秦王嬴政22岁时的成年加冕礼也是在雍城内的大郑宫举行的。

德公虽然在位只有两年,却为秦人留下了三位国君,德公去世后,他的三个儿子宣公、成公、穆公相继即位。而穆公将会是对秦人历史产生重大影响的一位领袖。

秦宣公即位后的第一年就碰上了周王朝的宫廷政变。王子颓鼓动卫国和燕国攻打周王室,把侵占颓和其他臣子菜园和田产的惠王赶出了朝廷,于是王子颓被拥立为王。之后又过了两年,郑伯、虢叔又杀死了王子颓,送惠王返回朝中。

对于周王室的政变,很多秦廷的臣子也力劝宣公以勤王的名义出兵,但宣公认为周惠王以天子之威仪强占臣子田地是为不尊,王子颓自己也是周庄王的庶子,是周王室血脉,身居王位也无可厚非,所以这件事终归是周王室自己的家事,外人不宜插手,而且秦国的实力还未真正强大,介入这场后果难以预知的政变对于秦人来说未必不是一场灾难。所以聪明的宣公选择了静观时局、韬光养晦。然而树欲静而风不止,秦宣公时期的秦国已经处在了诸侯开

秦始皇陵（计算机模拟复原图）

始强大并互相争锋的历史阶段，于是不得不开始面对强敌的侵扰。此前秦人面对的主要是西戎人的侵扰，此次则是来自东方的春秋霸主——晋国。

晋国此时正是在晋献公的带领下走向崛起的时候，晋献公在谋臣的策划下，相继攻灭骊戎、耿、霍、魏等国和劲敌虞、虢，史称其"并国十七，服国三十八"，可谓春秋五霸的超级大国，一时风头无贰。于是秦国成了晋国如何也不会放过的嘴边肉，而秦人则不得不一次又一次被动地抵抗和反击，不断的侵扰终于让秦人忍无可忍，宣公四年，秦宣公建密畤，也就是祭祀青帝的地方。

青帝在古人的世界观中为东方之帝，主管普天之下的东方事宜。秦宣公祭祀东方之神青帝，可谓别有用心又意义深远。这场祭祀表达

的不仅仅是祈祷对秦人和来自东线强国晋国的一场战争的护佑,还意味着秦人东方前线第一战的开始。这个隆重的开战典礼或许同时表达了秦人最终东向而战的决心,甚至表达了最终兼并东方列国的野心和理想。

《史记》很简要地记载了秦人在自己国境东线的第一场大战:"四年,作密畤。与晋战河阳,胜之。"《史记》用12个字描述了这场秦人在东线具有重要意义的第一场大战。我们可以推测,此番晋国攻打到了河阳,秦王经过深思熟虑后沐浴更衣、祭祀青帝,然后正式宣布批准了针对晋国入侵的反击战。对于秦人来说,隐忍数年终于可以大战一场,秦人的兵卒是士气高昂,在战场上奋不顾身、英勇杀敌,并最终成功让在诸侯争锋中崛起的第一代超级霸主黯然败退。

从此,秦人的军队开始了东方前线的战争,直到始皇帝一统六国。

虽然几百年之后秦人的军队可以彻底征服整个东方的世界,然而现在的秦国还没有强大到打出函谷关,兼并列国的程度,秦人的军队还必须承受在列强环伺的逆境之中面对外敌挑衅与侵犯的阵痛。然后在这种阵痛中学会运筹帷幄与攻战杀伐的智慧,让自己在裂变中一步步走向强大。

第一章 岂曰无衣:秦军的崛起 | 021

穆公霸业

秦宣公为秦人赢得了在东方前线的第一战,可以想象秦人的士气一定受到了巨大的鼓舞。宣公在位十二年,传位于成公,成公在位四年,传位于穆公。

秦穆公是被《史记》认可的"春秋五霸"之一,可以说是历史记载中秦人第一位显赫的领袖。

这里我们可以简单地了解一下"春秋五霸"的故事。

根据《史记》的记载,齐桓公、晋文公、秦穆公、宋襄公、楚庄王先后称霸。

周襄王元年(前651年),齐桓公在宋国的葵丘(今河南兰考东北)召集鲁僖公、宋襄公、卫文公、郑文公、许僖公、曹共公等诸侯国会盟。周襄王姬郑为感谢齐桓公对他的支持,特地派周公宰孔参加大会,并将周天子祭祀祖先的祭肉分赐给齐桓公,还声明齐桓公不用行谢恩的下拜礼,以示对齐桓公霸主地位的承认。这次会盟史称"葵丘之盟",它使齐桓公的声望达到最高峰。齐桓公死后,他的五个儿子争夺国君的权位,内乱不已,国力削弱,从而使齐国失去霸主的地位。

齐桓公死后,齐国发生内乱,宋襄公率领卫国、曹国和邾国等四国人马打到齐国,齐人里应外合,拥立齐孝公,宋襄公因此声名鹊起。宋襄公雄心勃勃,一心想继承齐桓公的霸业,与楚国争霸,但却一度为楚国所拘。公元前638年,宋襄公讨伐郑国,与救郑的楚兵战于泓水。楚兵强大,宋襄公讲究"仁义",要待楚兵渡河列阵后再战,结果大败受伤,次年伤重而死。宋襄公可以说是最没有霸主秉性的一代诸侯王,但是很不巧,他也被认为是"春秋五霸"之一。《史记》所载的"春秋五霸"的说法并不被很多人接受,也因此"春秋五霸"的说法出现了有九种之多。但无论哪一种说法,都无法回避的是晋国的霸主们。晋国称霸时间有百年之久(前632—前597年,前589—前506年),在这些时间晋国基本享有领导诸侯之权。

公元前632年,晋文公率领大军在城濮(今河南省濮县境内)之战中大败楚军,声威大振。晋文公将1000名楚军俘虏和100辆俘获的战车献给周襄王姬郑,姬郑回赠100张红色的弓和1000张黑色的弓,并答应晋文公可以征伐其他诸侯。同年冬,晋文公在郑国的践土(今河南省原阳县西南)大会诸侯,为增加他的威望,更派人暗示姬郑应该前去赴会。姬郑感到堂堂周天子竟然落到唯诸侯之命是从的地步,十分难堪,但慑于晋国的威力,不得不前往。后来,孔子写《春秋》时,将此事写成"天子狩猎于河阳",以维护周天子的颜面。晋文公这时成了名副其实的春秋霸主。

晋文公之后,晋文公的玄孙晋悼公成了春秋历史上引人注目的一位政治人物。晋悼公年仅14岁就入主晋国,以韩、栾为股肱,祁、杨为谋主,重用韩厥、智䓨、魏绛、赵武等一干贤臣,严军纪而恤民力,治律历而行礼法,于是晋宗谐睦,举国大治,戎狄亲附,惠及中原。晋国在其治下,国势鼎盛,军治万乘,其文治武功引领晋国再次走向全盛,并且以其军事霸权,挟天子而令诸侯,和戎狄以征四方,最终得以再次称霸中原。史载凡晋之盟:"如乐之和,无所不谐,故华夏尽附。"悼公矫天子之命,僭天子之尊,十年之功,以靖外难,年仅26岁。其政治才能、成就、品行在众多的诸侯国君王中可谓出类拔萃,堪称一代优秀的政治家。在很多历史学家的眼中,晋悼公无疑是春秋战国时期最伟大的诸侯之一,可以说他的出现让后世对"春秋五霸"的排名产生了很大的争议。

如果仔细考察这一时期的历史,我们可以发现郑、宋、秦、吴、越等诸侯国构建的区域霸权,其规模、影响与成就难以与齐桓、晋文、楚庄、晋悼之霸业相比拟。然而最后统一中国的却是秦人,因此我们不能不仔细考察秦军是如何一步步走向强大,秦人是如何一步步走向霸主的

兵马俑博物馆馆藏国家级文物"秦始皇陵一号铜车马"

历史。

晋文公之后,诸侯国之间享有"霸主"名号的是秦穆公。一个很小的故事可以说明穆公这位一代君王的风格。

秦穆公十四年,秦人遭遇了前所未有的饥荒,于是不得不请求晋国援助。此前,秦穆公为了提升秦人的影响,便向晋献公求婚,最终这场政治联姻成功实现,晋献公将大女儿嫁给了秦穆公,这便是中国历史上著名的"秦晋之好"的来源。然而在政治上,晋献公却有着精明的头脑,正是晋献公在位期间晋国灭掉虞、虢两国,从而控制了关中通向中原的咽喉要道崤函地区,卡住了秦国东进的道路。此后秦人的崛起便多了一重障碍和一份挑战。

延伸阅读:

晋旱,来请粟。丕豹说缪公勿与,因其饥而伐之。缪公问公孙支,支曰:"饥穰更事耳,不可不与。"问百里傒,傒曰:"夷吾得罪於君,其百姓何罪?"於是用百里傒、公孙支言,卒与之粟。以船漕车转,自雍相望至绛。

十四年,秦饥,请粟於晋。晋君谋之群臣。虢射曰:"因其饥伐之,可有大功。"晋君从之。

十五年,兴兵将攻秦。缪公发兵,使丕豹将,自往击之。九月壬戌,与晋惠公夷吾合战於韩地。晋君弃其军,与秦争利,还而马。缪公与麾下驰追之,不能得晋君,反为晋军所围。晋击缪公,缪公伤。於是岐下食善马者三百人驰冒晋军,晋军解围,遂脱缪公而反生得晋君。初,缪公亡善马,岐下野人共得而食之者三百馀人,吏逐得,欲法之。缪公曰:"君子不以畜产害人。吾闻食善马肉不饮酒,伤人。"乃皆赐酒而赦之。三百人者闻秦击晋,皆求从,从而见缪公窘,亦皆推锋争死,以报食马之德。於是缪公虏晋君以归,令於国,齐宿,吾将以晋君祠上帝。周天子闻之,曰"晋我同姓",为请晋君。夷吾姊亦为缪公夫人,夫人闻之,乃衰绖跣,曰:"妾兄弟不能相救,以辱君命。"缪公曰:"我得晋君以为功,今天子为请,夫人是忧。"乃与晋君盟,许归之,更舍上舍,而馈之七牢。

十一月,归晋君夷吾,夷吾献其河西地,使太子圉为质於秦。秦妻子圉以宗女。是时秦地东至河。

后来晋献公晚年为让小儿子即位便杀了太子申生,另外两个儿子夷吾和重耳分别逃往梁国和翟国避难。后来夷吾得到姐夫秦穆公在军事上的帮助,做了晋国国君,是为晋惠公。因为有恩德于晋君,所以秦穆公认为此番借粮不应有什么意外,但是没有想到的是晋人此番乘人之危,非但不借粮,反过来恩将仇报率领着军队攻打了进来。秦穆公率领着军队冲进阵营,意图活捉晋惠公,未料反被晋军包围,就在此万分危急的时刻,阵营中忽然冲进来了大批百姓,导致晋军的阵营被冲乱,结果不仅秦穆公被救,而且战场的形势进一步逆转,最终还是成功地活捉了晋君。秦穆公非常好奇,哪里来的这批百姓?最后他才想起了之前的一件事:原来秦穆公有一匹极为钟爱的骏马,不料有一次骏马跑到了岐山脚下,被几百个在饥荒中断了粮的百姓给吃了,最后这几百个老百姓被穆公的兵卒逮捕,准备予以法办,此时秦穆公知情后便说,"君子不以畜产害人。吾闻食善马肉不饮酒,伤人"。也就是说作为君子不能因为牲畜的缘故而伤害了人,听说吃了马肉而不喝酒是会伤人的。于是不但没有惩罚这几百个百姓,而且还以吃马肉不喝酒就会伤人的理由赏给了他们酒喝,于是我们也可以想象老百姓此番过后对穆公感恩戴德的心情。随后这几百人听说晋国攻打秦国,于是非常踊跃地加入了军队的厮杀中,当听说秦穆公受到晋军包围之后便冲进了晋军的包围圈,没想到不但救了秦穆公,还成功地协助秦穆公的军队活捉了晋惠公。

成了秦人俘虏的晋惠公，不得已只好将河西的土地割给了秦国，并且让太子圉到秦国做人质。但是当晋惠公重病的时候，太子圉害怕王位被别人抢走，于是逃回晋国，最终在第二年真的做了晋国国君，然而在国策上却与秦人完全断交。于是秦穆公便将女儿嫁给了刚好从齐国回来的重耳，将重耳扶持上了晋国国君的位置，是为晋文公。晋文公韬光养晦多年，深具政治军事才能，于是即位后大刀阔斧地改革，使晋国国力迅速强大，在他执政的九年时间里，晋国先后攻打曹、卫等国，并败楚、救宋、服郑、威秦，并在公元前632年召集诸侯国于践土会盟，于是晋文公成了"春秋五霸"中的第二位霸主。

秦穆公赐平民活命的恩德，不仅给予了自己一次重生的机会，也给了秦人一次崛起的机会。如果没有这次机会，可能秦国对外征服的霸业还要再等几年。为了使国家强盛，秦穆公四处搜求人才，重用他国来的客卿，"西取由余于戎，东得百里奚于宛，迎蹇叔于宋，来丕豹、公孙支于晋"，这些谋臣武士，辅佐穆公，使秦国兵强马壮。

秦穆公三十二年，即公元前628年，一代霸主晋文公去世后，秦穆公看到了秦人强大的绝好时机，于是开始出兵征讨，先灭了小国滑，然后兵锋一转，指向晋国。然而始料未及的是晋国做好了充分的应敌准备，导致秦军损失惨重，三员大将也差点命丧敌手。因此一劫，秦穆公和几位大将重新操练军队。可谓宏图霸业首战不利。第二次与晋军战于彭衙（今陕西白水东北），秦军再次失败。两次较量，秦军东进的路线被晋国牢牢地扼住。

由于东进受阻，穆公的目光便转向了西方，从晋国奔向西戎后又投奔穆公的由余对西戎部落的情况非常熟悉，于是秦国根据由余的谋略和计划，逐渐灭掉了西方戎人十二个小国和部落，史称"兼国十二，开地千里"。公元前624年，秦穆公三十六年，秦人的军队已经是兵力强盛、士气高昂。秦穆公再次伐晋，他给出征的军队装配了五百辆兵车、精良的兵器和充足的粮食,又拨给出征兵士家属足够的粮食和钱财,以解士兵后顾之忧。此番备战,经过了精心的准备,秦穆公和大将孟明率领着秦军浩浩荡荡地杀向晋国。此番秦国军队势如破竹,一直打到了晋国都城,秦人的威势让晋国紧闭城门,拒不迎战。

穆公三十七年,秦军以凌厉的攻势出征西戎,以迅雷不及掩耳之势包围了绵诸,绵诸王在酒酣耳热之际被秦人俘获。秦穆公乘胜前进,二十多个戎狄小国先后归服了秦国。秦国辟地千里,国界南至秦岭,西达狄道(今甘肃临洮),北至朐(qú)衍戎(今宁夏盐池),东到黄河,可以说正是秦穆公为秦人开拓了前所未有的广阔疆土,为四百年后秦人一统中国奠定了雄厚的根基。秦穆公对戎人取得的胜利,让周天子特加祝贺,并赐12面金鼓,希望他擂鼓继续向戎人进攻,这就是史书上所说的秦穆公"称霸西戎"。

在秦穆公的带领下,在谋臣武将的辅佐下,秦人的影响和秦人的军队第一次前所未有地强大。

秦穆公第一次实现了秦人的霸业,也让自己成了《史记》所认可的一代春秋霸主。虽然秦人未能继续东进,但秦穆公却为后人留下了一片广阔的疆土和一支精干的军队。

秦景公的野心

秦穆公之后，康公、共公、桓公相继即位，与晋国的战争依旧是各有胜负，而在秦桓公在位期间，楚庄王打败郑国、晋国，开始召集诸侯会盟，楚国就此称霸。

秦桓公在位二十七年，传位于景公，正是秦景公在位期间，晋国的一代人杰晋悼公称霸诸侯、呼风唤雨，召集诸侯会盟，俨然霸主。《史记》对秦景公的记载非常简略，大约是遭遇到了晋悼公这样的"人精"，秦景公的风头也只能被压了下去。

《史记》记载秦景公十五年（前562年），晋国攻打郑国，秦景公派了秦人的军队去援救郑国，并在栎邑，也就是栎阳打败了晋军。此时晋悼公在位，能够打败这样的一代春秋霸主，应该说在当时的诸侯中秦景公也是个很不简单的角色。

秦景公十八年，也就是公元前559年，诸侯联军在晋悼公的率领下，联合攻打秦国。可以想象，称霸近百年的晋国和众诸侯军队在一位卓越的政治领袖领导下的诸侯联军，其战斗力该有多么强大，然而在这样险峻的形势下，积累、发展了数百年的秦军也爆发了足够的战斗力。虽然这场战争秦军寡不敌众，最终战败，但是这种战败应该属于虽

1974年发现兵马俑的井的位置

败犹荣,诸侯联军之所以不能够追赶到底,将秦人一举歼灭,应该也是领教过了秦人的战斗力。

晋悼公去世后,晋平公即位。景公三十九年,楚灵王在申地与诸侯会盟,成为盟主。那么在群雄环伺的环境下,秦景公似乎除了韬光养晦、积蓄力量之外,还不能贸然有大的动作,所以《史记》关于秦景公也没有更多的记载,然而正是现代考古的贡献,让我们认识到了在诸侯争霸、列强环伺的政治环境下,秦景公真正的世界。

1974年的春天,陕西春旱严重,骊山脚下许多村民不得不打井抗旱。井底,有人忽然挖到一个奇怪的陶土人头。当时他们谁都不会想到,这个陶土人头引出的,是巨大的秦俑方阵。秦兵马俑就这样意外地被发现了。这一个个形态各异的人俑都是武士打扮,这些武士守护的,正是中国历史上第一个大一统王朝、强悍的秦帝国的缔造者——秦始皇嬴政。在此之前,人们对这位始皇帝和秦朝历史的了解,大多仅限于史料记载。秦始皇兵马俑的发现,让人们意识到了考古资源的重要性,于是开始注意考察关于秦人和秦文化的考古线索。

1975年,陕西省考古所一支考古队来到宝鸡市凤翔县的灵山一带,考古队晓行夜宿,足迹几乎踏遍这个关中著名山脉的角角落落。他们苦苦找寻的,就是那个强大的秦帝国先祖们的足迹。但是,几个月的艰苦工作,考古队一无所获。与此同时,在灵山东南 30 公里之外,一个叫南指挥村的地方,一位靳姓村民却遇到了一件奇怪的事情。这件当时看来微不足道的小事,却成为一次重大考古发现的引子,一场规模空前的考古大发掘由此拉开了序幕。

南指挥村坐落在陕西省宝鸡市凤翔县城南 5 公里,离村子不远有一块奇怪的荒地,春夏时节,不管雨水多寡,那里庄稼都长不好。1976 年的一天,附近一赵姓村民推着小土车来到这里,他要挖点土修补自家的院墙。铁铲挥处,黄土里带出一些奇怪的土块,它们的颜色和形状与周围黄土明显不同,有黄有红,还夹杂着一些碎石,并且非常坚硬。几天以后,村民闲谈中又提及这件事,很偶然地被陕西省考古所考古专家记了下来,职业的敏感让考古专家意识到,这里面必有蹊跷。

一支考古队很快赶来,进行实地勘察。

那些奇怪的土块是经过人工夯砸的,初步勘察结果,让考古队员震惊不已:它们来自一个巨大的地下工程,这个四方形的神秘地下工程占地面积被考古队标出,竟然足足有两个国际标准篮球场大!从 1976 年到 1986 年,这次考古发掘整整持续了十年。一段扑朔迷离的历史通过这些地下的考古资料逐渐清晰地向人们展露了出来。

考古学家们思考的是,如此巨大的工程究竟会是什么?这个问题当时没人能够回答,而且不久之后,考古勘察又有离奇发现:工程东西方向有向外延伸的迹象。整个工程呈怪异的"中"字形结构。几个月之后,工程地面以下的大致形制被考古队摸清。它的主体部分分作 3 层,在 10 余米处有 1 圈 2 层台面。而工程深度,竟然相当于 8 层楼高。如此形制,基本可以确认这是一座古墓。墓葬之大,实属罕见,拥有如此巨大墓葬的主人,其身份也必定极为显赫!

此前发掘的宝鸡鱼国墓,许多重要的历史信息都是从出土青铜器

1974年兵马俑的发掘现场

铭文中破解出来的,因此,考古队副队长田亚歧也寄希望于大墓可能出土带有铭文的青铜器,那将会给考古研究工作带来极大的便利。

但是此时,从南指挥村传来一个消息,考古现场发现了一些奇怪的洞口,那些洞口呈圆形或椭圆形,几天时间,就清理出 240 多个。仔细察看之后,田亚歧就立即明白,这座大墓在古代已经被盗,洞口是盗墓者留下的盗洞。这些盗洞一共 247 个,其数量之巨,足以说明此墓的宏大,以及陪葬物品的价值。

经过多年的发掘,最后确认南指挥村附近共发现 43 座规模较大的墓葬,于是这里就成了今日的"秦公陵园",而陵园中这座我国目前已发掘最大的土圹墓,随后被考古学界被为"秦公一号大墓"。而秦公一号大墓可以说占据了中国考古学领域的五个"最":

这是迄今中国发掘的最大的先秦墓葬;墓内发现186具殉人,是中国自西周以来发现殉人最多的墓葬;椁室的柏木"黄肠题凑"椁具,是中国迄今发掘的周、秦时代最高等级的葬具;椁室两壁外侧的木碑是中国墓葬史上最早的墓碑实物。

我们可以想象,考古学家们是多么的震惊!周秦时代在丧葬礼仪中获得了最高规格的除了周天子还有谁?可是这个地界和墓葬文物风格的确又是秦人的。那么就是说秦人的君王有人僭越礼制而享用了天子才能享有的最高葬礼规制?那么这个人是谁?他如何能有如此强大的挑战天子礼制的底气?

随后秦公一号大墓出土了一块石磬,这块石磬是我国发现最早刻有铭文的石磬,最珍贵的是这块石磬上的文字竟多达180多个,字体为籀文,酷似"石鼓文",依据其上文字推断墓主人应为秦景公。于是墓

秦公一号大墓
(计算机模拟复原图)

主人的身份终于获得了破解,由此我们对秦景公及其在当时的影响力便有了更准确的认识,也知道了史书上没有记载的秦景公的内心世界,这是一位没有将周天子放在眼里的一代秦王,"春秋五霸"中没有哪一位霸王胆敢这么做,而并没有享有霸主名号的秦景公却做了。

秦景公天子般的丧葬规制完全可以说反映了秦人骨子里的血性。在秦景公的时代,或许我们可以看出尽管秦国还没有强大到开始征服和吞并列国,但是我们可以看到这位将秦国的势力不断向中原推进的一代领袖在诸侯纷争的春秋时代意图一统天下、做天下之主的雄心和苗头。

秦景公之后,秦国就陷入了一个低迷的发展时期,从哀公、惠公、悼公、厉共公、躁公、怀公、灵公、简公、惠公、出公,平均每位君王在位不到十五年。在这些时间里,秦人的河西之地被魏人夺取,怀公由于被大臣攻击而自杀,出公在位不到两年也被杀,最后献公被迎立为君,才结束了一段君臣不和、政局不稳的时期。但是比起齐、晋等国政局动荡的剧烈程度来说,秦人还是比较幸运的。

秦乐府钟

秦人和秦军的历史发展到献公的时代,我们可以通过史书的记载和追忆来理解这一时期的秦人和秦军。

班固在《汉书·赵充国辛庆忌传赞》中说秦地"处势迫近羌胡,民俗修习战备,高上勇力,鞍马骑射",就指出了秦人因为生活在好战的西戎羌胡人的附近而形成了"高上勇力"、擅长骑射的品质,并且时刻不忘"修习战备",可见列强环伺的环境对于秦人自身军事上的成长的强大刺激。

熟悉了此段秦军崛起和征战的历史,如果再结合《诗经》留下的一首关于秦军出征的《秦风》,我们或许可以更真切地感受到此时秦军高昂的士气和同仇敌忾、奋勇杀敌的精神风貌:

> 岂曰无衣?与子同袍。王于兴师,修我戈矛。与子同仇。
> 岂曰无衣?与子同泽。王于兴师,修我矛戟。与子偕作。
> 岂曰无衣?与子同裳。王于兴师,修我甲兵。与子偕行。

兵马俑博物馆一号坑军阵,图片右下方即是1974年发现兵马俑的井的位置

这首《秦风》给了我们关于秦军的很多想象。秦人在诸侯纷争、列强环伺的"创业"时代，面对强大的外敌，一定经历了很多的血与泪，然而为了部族的生存和强大，男人们只有拿起武器与敌人抗争，哪怕没有像样的衣裳。这首《秦风》以"岂曰无衣"开篇，并重复歌唱，很可能为我们非常现实地指出了一个问题，那就是在"创业"时期的秦军，他们后勤供应很可能非常困难，甚至都没有应季的，或者合适的、必要的军装，于是出现了"与子同袍""与子同泽""与子同裳"的情况。于是秦人借此写了这首歌词，慷慨激昂地表达了自己虽然军装都成问题，但是只要大王要征发军队上战场，那么秦人都可以做到团结一致、同仇敌忾、奋勇杀敌、视死如归。

或许秦人的血性和勇武的品质本身就决定了秦军独有的精神风貌，然而秦人的军队仅仅有这样的精神风貌还远远不足以强大到征服列国。秦人要一统六国，现在的国力还远远不够，一个国家只有各方面综合性、系统性地强大才能够支撑一支"带甲百万"的军队持续性地作战和走向强大。

那么，秦人现在该如何面对百年沉沦之后的重新崛起、走向强大呢？

献公即位前后，群雄争锋，各国都先后开始变法图强，那么谁来帮助秦人在列强纷争的背景下变法图强、绝地反击，创造属于秦人的辉煌，从而奠定百年后秦军一统中国的根基？

第 二 章

商鞅的贡献：铸造秦军的一次变法

嬴政二十一年的秦廷，未来的始皇帝与众位大将廷议攻楚方案，大将李信自称20万兵马即可攻下楚国，当被问及老将王翦时，王翦沉思后冷静地回答，攻灭楚国必需60万大军。随后秦始皇认为王翦年老胆怯，便启用年轻的李信为主将率领20万大军攻打楚国。结果秦军大败，7名都尉被斩。未来的始皇帝这才不得不亲自赶到频阳，再次请老将王翦出马，于是王翦统领着秦军60万兵马攻灭了楚国，扫除了秦灭六国最大的障碍。

这是长平之战后，秦军第二次动用60万兵马、也就是近乎举国的兵力来攻打一个国家，而且都作战长达两年之久。这就是两千年前的秦军创造的军事传奇。

这些答案或许需要我们回到秦孝公统治时期的秦国才能找到。

秦孝公时期的秦国与列国

从公元前529年秦哀公即位到出子被杀、秦献公即位的公元前384年,这近一百五十年的时间,秦人一直处于低迷的发展时期,甚至出现了内斗的悲剧。对于秦人来说,更大的耻辱则是魏国人的进攻。秦灵公六年,也就是公元前419年,魏人攻占了秦人的河西之地;公元前413年魏人再次大败秦军;从公元前412年到前408年,魏人逐渐攻克秦人河西之地的几乎所有城池,甚至开始在此设立河西郡,而此时主持魏国变法的一代名将吴起则成为河西郡的首任郡守。

魏国人驻扎在了自己的家门口,这成为秦人抹之不去的耻辱。于是数代秦王开始厉兵秣马准备东征收回自己的失地,然而却是屡战屡败。秦灵公在虔诚地祭祀了炎、黄二帝之后,再次与魏国进行了长达数年的战争。公元前389年,秦惠公以近乎举国的兵力发动了针对魏国的大规模战争,试图一雪前耻,这次战争秦惠公发兵多达50万,和长平之战和灭楚之战时秦军的数量近乎相当,然而战果却截然相反。吴起在魏国的变法让魏国士气大振,特别是军功赏罚制让前线士兵踊跃作战,此次面对50万秦军,吴起只带了5万没有立过战功的普通步兵投入了战斗,然而正是这5万步兵让五十万秦军大败而归。如此大规

战国初期秦国失地千里，被魏国攻打

模的战争在秦军史上还是很罕见的，特别是 50 万秦军被 5 万魏人打败，这不仅让吴起再次声名大振，也让这场战争成了中国战争史上以少胜多的典型案例，当然对于秦人来说，则是遭遇了一次前所未有的耻辱。

河西之战的失败对于秦人来说，既然是莫大的耻辱，那么秦人就不能不思考如何才能走向强大。

献公即位后，为了秦人的崛起和东进，进行了几项改革。首先是废止了殉葬制度，让秦人的制度更加人性化的同时，避免了秦国人口不必要的损失。其次秦献公推广了初租禾政策，让自耕农可以拥有属于自己的土地。这种农业政策直接冲击着秦国贵族的奴隶制经济，因此为了顺利地推行自己的改革，秦献公做的第三件大事就是迁都栎阳，也就是陕西省富平县东南，现今的临潼区境内的地方。这次迁都既为秦国的初步改革赢得了一个全新的环境，减少了改革阻力，也表达了秦人必定东扩的意志。而且秦献公在自己的统治时期，也初步地推广了郡县制和户籍制度。秦献公十年，公元前 375 年，秦献公把五户人家编为一伍，农忙时互相帮助，农闲时进行军事训练，初步开始了全民皆兵的政策探索。如果有人犯法，则实行连坐制，因而导致人人自危、互相监督,而秦国的社会治安也因此明显好转。

秦献公的改革让秦军士气大振,经过多年的积累之后,秦献公二十一年与晋国大战于石门,一战就消灭了晋国6万人;献公二十三年在少梁继续与魏晋联军大战,这次大战胜利俘获了魏国的大将公叔座。秦献公时期与魏国人的几次大战,都因为魏赵的联合,才使秦军的进一步进攻被阻挡住了。

延伸阅读:

> 出子二年,庶长改迎灵公之子献公于河西而立之。杀出子及其母,沈之渊旁。秦以往者数易君,君臣乖乱,故晋复彊,夺秦河西地。
>
> 献公元年,止从死。二年,城栎阳。四年正月庚寅,孝公生。十一年,周太史儋见献公曰:"周故与秦国合而别,别五百岁复合,合十七岁而霸王出。"十六年,桃冬花。十八年,雨金栎阳。二十一年,与晋战于石门,斩首六万,天子贺以黼黻。二十三年,与魏晋战少梁,虏其将公孙痤。二十四年,献公卒,子孝公立,年已二十一岁矣。

无论如何,秦献公让秦人再次兵威大振,可以说秦献公的改革让秦人在百年低迷之后开始崛起,奏响了秦人走向强大的序曲,为秦孝公时期的变法图强奠定了雄厚的基础。这便是献公在位对于秦人最重要的意义。

虽然献公率领秦人取得了数次大战的胜利,但是因为赵国的参战,依然没有完全夺回被魏国侵占的河西之地,而且强大的列国依然对秦人充满了鄙夷的神气。在列国诸强的兵锋下,秦人如何走向强大?

这个使命留给了献公的继任者——秦孝公（前361—前338年在位），这一年秦孝公只有21岁。那么这个时候的列国都处在什么样的发展状况，年轻的秦孝公面临的究竟是什么样的一个历史环境？

秦孝公即位时，崤山以东的齐威王、楚宣王、魏惠王、燕悼候、韩哀候、赵成侯分别主持着自己的国家，他们在征战中逐渐成为战国时期最强大的七个诸侯国，史称"战国七雄"。此外各地还有没有被这些诸侯国吞并掉的小国十数个。这些强大的诸侯国在自己最强盛的时候征战杀伐，并在胜利的时候举行诸侯会盟，而远在西北的秦人则从来不会被邀请参加这些诸侯会盟。按照《史记·秦本纪》对当时秦国的描述，当时的秦国"僻在雍州，不与中国诸侯之会盟，夷翟过之"。也就是各个诸侯国就像对待夷狄一样对待秦人，秦国虽然偶然能打几场胜仗，但是连参加诸侯会盟的资格都没有。这就是秦孝公即位时秦人和秦国的处境。

于是为了改变秦人的形象和处境，秦孝公决定发布"求贤令"，希望有人能辅佐他改变秦国的现状，成就梦想中的霸业。秦孝公很幸运，历史赐予了他一个智慧而有魄力的志士，让他成为秦人的"中兴之主"，于是在历史上秦孝公能够成功地继承并壮大襄公、穆公留下的基业，为后来的昭襄王和始皇帝的功业打下坚实的基础。

回到秦孝公所在的战国时代，我们发现，各诸侯国为了在战争中处于不败之地，都先后进行了不同程度的变法，对原来僵化的奴隶制经济体制进行了不同程度的改革，而魏国人则是最早完成变法运动的国家，所以是魏国人完成了中国历史上第一次真正的变法改制运动。

魏国的地理位置应该是让魏国最早有了变法图强的忧患意识的主要原因：西有秦、韩，南有楚，北有赵，东有齐，国家所处地界可谓易攻难守，于是雄心勃勃的魏文侯成为战国时期最早推行变法图强的君主。公元前422年，魏文侯任命李悝为丞相开始变法，首先削弱贵族特权，又提出"尽地力"的农业政策，"废沟洫"铲除井田的边界，以便建设农田水利,事实上就是在中国历史上最早破坏了井田制。而李悝在任职丞相期间做的另外一件极为有意义的事是汇集各国法典,制定了中国历史上第一部比较系统完整的法典——《法经》,堪称中国历史几千年法制实践的源头。在军事方面,魏文侯任用吴起进行军事改革,创建了一支强大的军队——"武卒",使得"秦兵不敢东向"。李悝、吴起的政治经济和军事改革共同构成了魏文侯变法的主要内容,有效地打击了旧制度,增强了国力,使魏国迅速崛起,成为战国前期最强大的国家。

魏国变法一个最为重要的意义就是为秦国的商鞅变法提供了一定的参考,让秦国吸取了他国变法的经验,避免了可能的弯路,从而更快地走上了强盛的道路。特别是《法经》对商鞅的法家思想影响巨大,也几乎决定了商鞅变法的风格。

魏文侯死后,为魏王负责军事改革的吴起受到政敌排挤,从而离

战国中期秦国及周边各国位置图

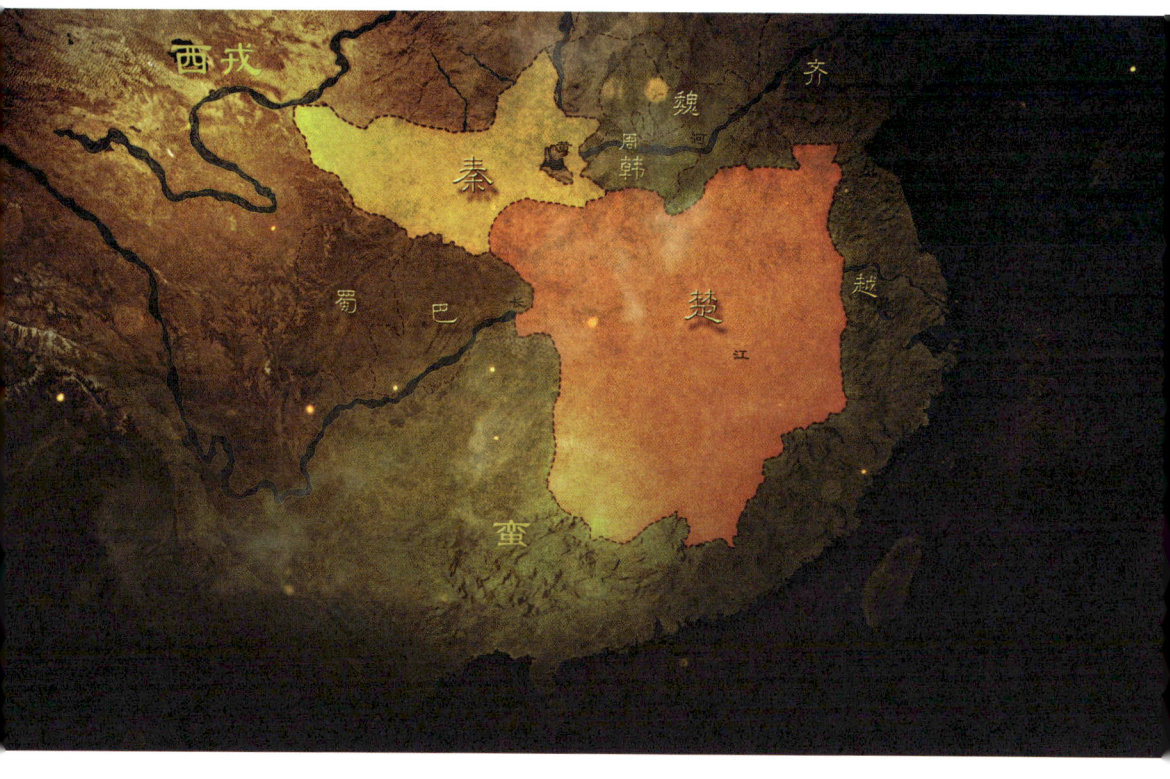

开魏国来到了楚国担任令尹,帮助楚国也进行了一场轰轰烈烈的变法改制运动。楚悼王即位后,楚国不断受到韩、赵、魏等国的进攻,遇见吴起,楚悼王可谓如获至宝。吴起的改革内容也依然是打击旧贵族,平等选拔政府官员,甚至精兵简政,淘汰冗员。经过变法,楚国初步改变了"贫国弱兵"的局面,在对外战争中屡屡获胜,"于是南平百越,北并陈、蔡,却三晋,西伐秦,诸侯患楚之强"。但是变法终究影响到了旧贵族的利益,导致公元前381年楚悼王死后吴起便被旧贵族乱箭射杀。吴起死后,楚国的变法运动也就宣告失败。

赵烈侯(前408—前400年在位)时,公仲连以赵国相国的身份主持了赵国的改革。公仲连的改革主要集中在教化人民、建立选官制度和改善财政方面。对赵国影响最大的改革则在商鞅变法后三十多年后的赵武灵王时期(约前326年—前295年)。

韩国在战国前期政治混乱,地理上被魏国、齐国、楚国和秦国四面包围,发展空间极其狭小,但占据军事要道,故而争战不断,对国力消耗巨大。公元前358年,韩昭侯在秦孝公正式任命商鞅主持秦国变法的一年后也开始使用法家的申不害为相。实行变法改制使韩的国力暂时得到加强,史称"申不害相韩,修术行道,国内以治,诸侯不来侵伐"。"终申子之身,国治兵强,无侵韩者",使得韩国也因此位列"战国七雄"之一。但是申不害未能根本解决韩国的问题,所以韩昭侯去世后,韩国便很快又陷入衰落。

秦孝公变法三年后,齐国(田齐)第四代国君齐威王即位。齐威王在位时期任用邹忌为相开始整顿吏治,并广开言路、积极纳谏,并任命大批有才干的贫寒之士,诸如出身赘婿、受过髡刑且相貌丑陋的淳于髡,平民出身的邹忌,已经残疾的军事大家孙膑等。在军事上任命田忌为将,孙膑为军师,进行军事改革,最终国力日强。经桂陵、马陵两役,大败魏军,开始称雄于诸侯。而魏国则从此一蹶不振。

而"战国七雄"中实力最小的燕国国弱民贫,处境险恶,并屡次败给齐国,振兴燕国的改革则需要等到商鞅变法四十多年后的燕昭王时期,也就是公元前311年之后。

上面我们可以看出,"战国七雄"中的诸侯国都先后进行了所谓的变法改制,其中魏、楚、赵都较秦人先行一步进行了变法改制,这些变法的共同点就是在奴隶制经济逐渐崩溃和失去活力的背景下,打击奴隶主旧贵族的特权和破坏奴隶制的经济基础,提升、加强新兴封建地主阶层的地位和权利,激活整个社会的活力,从而一定程度上实现了各自国家的转型和强大。但是我们也可以看到的是,各国变法的主持者自身的智慧、魄力以及各国变法的深度、广度,都相差甚大,那么秦人又会进行什么样的变法呢?

我们现在知道正是商鞅的变法让秦人走向了强大,让秦人开始在战场上勇往直前、战无不胜,并最终靠着自己锐利的兵锋横扫六国、一统天下。那么我们就要回头考察,为什么商鞅的变法让秦国持续性地走向了强大?商鞅在秦国具体都进行了什么样的变法而成就了秦人的宏图霸业?

"求贤令"与商鞅

献公二十四年,秦献公去世,秦孝公即位,这一年秦孝公只有21岁。如何让秦人在变法图强的列国中崛起?这个任务遗留给了继任者秦孝公。

就这样,一个21岁的青年就要带领着一个民族变法图强,走向强盛。

那么下来的问题是,如何来变法?谁来帮他主持决定秦人命运的变法运动?

公元前361年,为了秦人的千秋大业,秦孝公发布了一篇将会在中国历史上绽放光芒的"求贤令"。秦孝公不知道,自己的这篇"求贤令"将不仅仅让秦人走向强大,甚至将一统天下的职责也争取给了秦人,从而深刻地影响此后中国几千年的历史。

既然这篇"求贤令"如此重要,那么让我们来重新阅读下秦孝公当年的"求贤令":

> 昔我穆公自歧、雍之间,修德行武,东平晋乱,以河为界;西霸戎翟,广地千里。天子致伯,诸侯毕贺,为后世开业,甚光美。会往者厉、躁、简公、出子之不宁,国家内忧,未遑外事,三晋攻夺我先

君河西地,诸侯卑秦,丑莫大焉。献公即位,镇抚边境,徙治栎阳,且欲东伐,复穆公之故地,修穆公之政令。寡人思念先君之意,常痛于心。宾客群臣有能出奇计强秦者,吾且尊官,与之分土。(《史记·秦本纪》)

这篇"求贤令"回顾了秦人先祖秦穆公的霸业和给秦人带来的荣耀、秦人后来的内斗与没落,写出了秦人当时被各个诸侯国鄙视的尴尬,表达了洗刷秦人耻辱、恢复先祖霸业而寻求强国之计的诚意。因此秦孝公的"求贤令"不仅在秦人间流传,而且也迅速地流传到了东方六国,并最终吸引来了改变秦人命运的英才,这位英才就是被秦孝公强国之志所吸引和感动的卫国人公孙鞅。

卫国,周王分封的姬姓诸侯国,可以说是享祚时间最长的周室诸侯国。虽然在战争频仍的春秋战国没有发展成为一个军事强国,却一直存在到了公元前254年才被魏国灭亡。因为是周王亲族,姬姓,所以卫国王室又复姓公孙,俨然黄帝后裔。而商鞅则是卫国王室庶出的公子,所以又称卫鞅、公孙鞅。卫鞅从小好学,尤其对刑名之学感兴趣。刑

被"求贤令"吸引而来的卫鞅(剧照)

名之学就是以管仲、李悝、申不害为代表的法家学派,强调循名责实、慎赏明罚,用严酷的法律来管理社会的运行。

魏国因为李悝的变法而成为战国前期最强大的国家。作为法家的追随者,卫鞅一直将被誉为先秦法家始祖的李悝作为自己心中的榜样。李悝集各国法典大成的《法经》后来也成了秦汉法制的源头。

我们可以想象,卫鞅在列国中选择来到魏国,一定和李悝有很大关系。

卫鞅作为卫国王室的后裔,的确有着优良的王室基因,他的才学甚至要影响此后的整个中国,或许是小小的卫国无法接受和完成他变法图强从而成就一代霸业的理想,所以卫鞅选择了战国前期经过变法而一跃成为最强大诸侯国的魏国。因为卫鞅的胸中一定装着称雄天下、一统六国的宏图大志。

卫鞅来到魏国,成为魏国丞相公叔座的门生,在丞相府担任中庶子一职。有学者认为也正是在魏国,卫鞅认识了自己的老师尸佼,师徒二人的关系应该不错,以至于尸佼和卫鞅一同来到秦国。卫鞅离开魏国,当然是魏国的巨大损失。反过来,如果魏国重用卫鞅,实现卫鞅的变法主张,那么统一六国的或许不再是秦人,历史就是这么具有戏剧性。

作为卫鞅的上司,公叔座一直没有重用和推荐这位将会影响整个中国的一代才俊,但是他的心里终究还是明白卫鞅的智商与才学,所以有人认为公叔座是嫉贤妒能之辈,所以在自己行将就木的时候才向魏王推荐卫鞅。很可惜在这个时候推荐,魏惠王并没有认为公叔座是认真的,反而认为是他临终前的胡乱之语。公叔座看到魏惠王的反应立即意识到了问题的严重性,如果卫鞅得不到重用,自己死后卫鞅势必投奔他国,以卫鞅的才学,会让其他的国家成为魏国的劲敌,所以公叔座屏退左右,立即改变口气,劝魏惠王如果不能重用卫鞅,则一定要杀掉卫鞅,否则有朝一日,卫鞅则会成为魏国的祸端。然而魏惠

咸阳宫（计算机模拟复原图）

王既没有听从老丞相重用卫鞅的建议，也没有听从老丞相要求杀掉卫鞅的警告。

魏惠王就这样与一位将会影响中国历史的将才擦肩而过，而且也正如公叔座所言，以卫鞅的才学所成就的强国的确将会成为魏国的劲敌。公叔座或许没有想到的是，卫鞅所成就的国家不仅会成为魏国的劲敌，甚至还要在日后的岁月中灭掉包括魏国在内的六国。

《史记·商鞅列传》记载，作为卫鞅的上司，公叔座向卫鞅坦诚了自己和魏惠王的谈话。卫鞅冷静地说道，既然大王没有重用我的意思，那也就不会有杀我的意思，我也没有逃跑的意思。而随后魏惠王则对侍臣发牢骚："丞相真是病得厉害，让我大魏举国听从一个毛头小子，这不荒唐吗？"

公叔座很快就死了。虽然卫鞅没有性命之忧，但是有一天卫鞅还是带着自己的《法经》快速坚定地离开了魏国的都城安邑，因为他看到了一份"求贤令"，这份"求贤令"里说到谁可以出"奇计"帮助这个国家走向强大、恢复先祖霸业，那就不仅可以获得高官，还可以在这个国家拥有自己的领地。发布这份"求贤令"的人就是秦孝公。卫鞅通过这份"求贤令"知道了自己该何去何从。

公元前361年，卫鞅怀着大展宏图的梦想激动地来到了秦孝公治理下的秦国，并通过秦孝公的宠臣景监见到了秦孝公。

《史记·商鞅列传》记载，景监向秦孝公推荐了卫鞅之后，卫鞅循序渐进地和秦孝公进行了四次谈话，前三次谈话卫鞅向秦孝公分别讲述了"帝道""王道""霸道"。秦孝公开始极为失望，但每谈一次，似乎又能看到一丝希望，当秦孝公听了卫鞅的"霸道"之后，便认为可以继续和卫鞅交流交流。于是最后一次"考察式"的畅谈，卫鞅终于拿出了自己的精兵强国之术，这一次秦孝公不自觉地在席子上移动着向卫鞅靠近。秦孝公一定激动异常，因为这个时候他知道，他找到了要找的人。

那么接下来卫鞅将如何帮助秦孝公进行变法改制呢？

商鞅的"农战"之法

经过一段时间的谋划和准备,秦孝公三年,也就是公元前359年,秦孝公任命卫鞅开始尝试变法。一场将要改变中国历史进程、影响此后中国几千年历史的至关重要的变法就这样开始了。

但是变法的尝试还没有开始,就遭到了一批旧贵族的反对,这批旧贵族以甘龙、杜挚为代表,认为"圣人不易民而教,知者不变法而治……今若变法,不循秦国之故,更礼以教民,臣恐天下之议君"(《商君书·更法篇》),卫鞅面对咄咄逼人的旧贵族群体据理力争,以"治世不一道,便国不必法古"的论证让秦孝公"不之疑",最终下定了变法的决心。

于是公元前359年,卫鞅以十两黄金完成了著名的"徙木立信",确认了政府在百姓中的威信,便正式颁布了变法的第一道法令——"垦草令"。

著名历史学家林剑鸣先生认为"垦草令"的原文已经佚失,《商君书》中的第二篇《垦令篇》可能就是卫鞅向秦孝公提出的改革方案,也可以推知"垦草令"原本的内容。在《垦令篇》中卫鞅提出了近二十种情况,诸如"褊急之民不斗,狠刚之民不讼,怠惰之民不游,费资之民不作,巧谀恶心之民,五民者不生于境内,则草必垦矣""余子不游事人,则必农,农则草必垦矣""农恶商,商疑惰,则草必垦矣"等等。通过这些描述可以看出通过"垦草令"的颁布,将秦国举国之力集中在了农业领域,甚至贵族特权阶层也要进行农业劳动。其他的工商业则被赋以重税,从事工商业的破产了就要被抓起来当奴隶。而游手好闲、不务正业,甚至是巧言令色的说客们都不再允许存在于秦国,他们必须在广阔的秦地开垦荒地种田为生,不再被允许轻易迁徙。于是奴隶制赖以存在的奴隶制经济体制"井田制"逐渐被新型的封建小农经济所取代,整个秦国社会的风气骤然一变,秦国真正走入了历史发展的新时代。

"垦草令"的实施中,特别值得一提的是卫鞅针对秦国地广人稀的国情,提出了"徕民"政策。卫鞅采取了将秦人分成了"故秦"和"新秦"的做法,也就是原来本土的秦人为"故秦",诸侯国新来的移民、战俘等进入秦国的都算作"新秦"。"徕民"政策可以说是"垦草令"中对秦人社会影响最大的一个决策。

《商君书·徕民》记叙了卫鞅对秦国地广人稀的描述,和招徕"三晋之士"和"诸侯之士"的细节与意义。《商君书·徕民篇》认为"今秦之地,方千里者五,而谷土不能处什二,田数不满百万,其薮泽溪谷名山大川

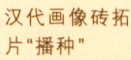
汉代画像砖拓片"播种"

之材物货宝,又不尽为用,此人不称土也",因为秦地相比东方各国的地狭人稠,是典型的地广人稀,土地上的资源与物产不能有效利用,所以卫鞅规定,任何人垦荒耕作秦国境内的山泽土地,一律至少十年内不征收赋税。"以草茅之地徕三晋之民以事本,此其损敌也",也就是让外来的移民,包括"三晋移民",还有外来的"诸侯之士"成为秦国的劳动力,而且三代人不征赋税,不服徭役,更不服军役("无知军事"),这样的吸引力可以让那些不喜欢为战争所困扰的"山东"移民"无不西者矣",他们是所谓的"新秦"。这些"新秦"不仅可以为秦国增加近百万的劳动力,同时这也意味着为敌国提供农业保障的人口会因此而减少。十年后秦国的耕地面积大增,农业产出大幅增多。

这样"故秦"们在耕作之外就更专注于军事训练,他们才是秦国军队的主力。

我们可以看到,卫鞅变法的各项举措旨在打压非农行业,提高农业的地位与吸引力。尽举国之力投身农业生产,不仅为秦人的崛起和军事上的强大奠定了坚实的后勤保证,还让秦人在农业生产领域取得了巨大的农学文化成就。我国先秦史专家王子今教授认为从"垦草令"开始,秦人对于农耕几百年的专注和投入才有了《吕氏春秋》中《上农》等四篇所体现出来的农学成就,这些成就正是秦文化最辉煌的表现之一,也是整个秦军创造传奇的保证。

"垦草令"的实施让秦国开始拥有了真正走向军事强国的基础。"垦草令"实行三年,看到秦国取得的变化,秦孝公一定心怀欢喜,所以秦孝公正式任命卫鞅为左庶长,在秦国正式开始全面变法。

那么什么是左庶长?这个职位对于卫鞅来说意味着什么?

卫鞅变法之前,秦国有四种庶长:大庶长、右庶长、左庶长、驷车庶长。四种庶长都是职爵一体,既是爵位,又是官职。大庶长协助国君,大体相当于早期丞相;右庶长为王族大臣领政;驷车庶长则专门执掌王族事务;左庶长,则非嬴氏公族不得担任,可以说是秦人政权结构中王之外最重要的职位,因为左庶长可以上马治军、下马治民。秦国在进入战国之后,秦献公走出了秦人变法改制的第一步,将治民的政务大权分给了上大夫甘龙,左庶长总管军务,协助国君统军作战。于是在秦人的心目中,左庶长卫鞅几乎就成了秦国改革大业的"总设计师"及国防部长,甚至还是秦军的总参谋部长和司令员。①

那么担任了秦人如此重要的职位,说明卫鞅尝试性的改革成果让秦孝公对卫鞅充满了信心,于是将整个秦国变法图强的希望和未来的命运都通过左庶长一职正式寄托在了卫鞅的身上。

拥有了左庶长职权的卫鞅凭着秦孝公的信赖,就此大刀阔斧地在秦国开始了大变法,同时卫鞅也要通过在秦国的大变法来实现自己怀揣已久的豪情壮志。

秦孝公对变法最关心的是如何精兵强国,改变秦人在列国中被动的屈辱局面,进而恢复秦人霸业,甚至一统天下。所以如何进一步增强秦人的经济实力、军事实力甚至部队的作战实力,成了卫鞅变法的核心,因此我们可以看到卫鞅变法的措施基本上不离开服务于"农战"的主题。

首先,为了准确地掌握全国的耕战资源,也就是农业人口与潜在兵员的数量等信息,卫鞅开始实施户籍登记制度。这项制度从卫鞅开始,在中国实行了几千年,一直到现在。户籍登记制度的实施让秦国政府可以更准确地掌握全国的耕战资源和信息,以做到军事上的心中有数;同时也有利于政府掌握社会成员结构及其规模。户籍登记制度的实施对于社会犯罪也是有着极其有效的震慑作用,这应该也是我们现在仍在实行户籍制度的原因之一。卫鞅在户籍登记制度和秦献公变法时创立的"伍伍连坐制"的基础上,进一步扩大了这种"连坐制",开始出现五家为伍,十家为什的"保甲制度",更不允许秦人擅自迁徙,同一

---

① 商鞅变法之后,秦国官职开始依照中原大国的模式进行改革,庶长的职位逐渐开始被虚化,对军功爵位等级也进行了新的划分。

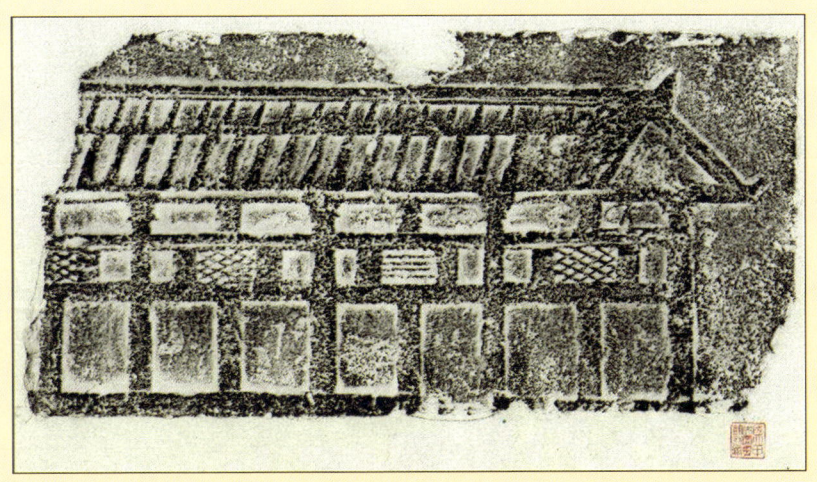

汉代画像砖拓片"房屋",从中可窥见秦汉时期建筑形制

汉代画像砖拓片"凤阙",从中可窥见秦汉时期建筑形制

保甲内的人要相互检举、相互揭发,同一个保甲之内的人犯罪知情不报者,就要被腰斩。中国历史就是在这里将秦文公时期开始的诛三族的血缘连坐扩大到了没有血缘关系的邻里连坐,并且要延续数千年之久;而告发的人则和有军功的人一样都会获得奖赏,而窝藏罪犯则和投降敌人一样要受到处罚,所有的犯罪都从重处罚。

20世纪70年代,湖北云梦睡虎地出土了一批秦简,也称"云梦秦简",这批秦简是一位执法官的陪葬品,所以这些秦简中有大量法律文书,其中有一篇《法律问答》以问答的形式对秦律的条文、内涵或意图做出了解释,有些像现在的司法解释。这里我们可以看到秦人对于"告发"和"连坐"制度的实施真相。

比如秦律规定:丈夫有罪,妻子先告发,妻子就不会被没收为官婢。那么他的妻子陪嫁的奴婢和衣物等是否也应该没收呢?执法官的回答是不会没收。

《法律问答》还记载了这样的规定:甲诬告乙向官员行贿,然而查无实据,甲因此会被处以黥刑(也就是脸上刻字的刑罚),并被发配为城旦,相当于判处四年劳役或者兵役的有期徒刑。那么针对这项规定的问题是:这种情况下,甲的同居、里典是否应该连坐论罪?答案是不应该。

可见秦人为了防止恶意陷害性的告发行为,对诬告也会进行严厉的惩罚。同样,对于连坐,我们可以看到秦人的连坐制度并不是适合于所有罪行,根据对秦简法律条文的研究,学者们认为秦人的连坐也是主要针对谋反等重大犯罪而言,并且这种连坐法在中国一直延续到了清代的结束。也就是对于秦人来说,一般的民事、刑事案件并没有普遍的连坐制度。

《法律问答》中针对举报或者告发不实的情况按轻重不同程度分为两种,一个是"诬告",一个是"告不审"。

比如甲告发乙盗牛或者有杀人伤人的行为,但是经过调查,乙并未盗牛,也未曾杀人和伤人。那么如何来处理甲的行为?执法官给出的答案是:如果是有意的,就是"诬告",如果是无意的,便为"告不审"。也就是如果是恶意诬告,则会被定为"诬人罪",而如果不是主观恶意,只是判断失误,则并未非"诬告",则是"告不审"。

很显然"诬告""告不审"两者罪行的轻重程度是不同。秦人的法律做出这样的规定,就是明确告知国民,所有的告发行为的后果都要自己负责,从这一点规定来说,秦人是通过法律的细化来防止和避免秦人的社会诬告成风的。同时我们也可以发现这样一件有趣的事实:秦人对于匿名告发行为是严厉打击的。凡是得到匿名信而没有找到告发者的情形,这种匿名信就不应该拆开看,而是应该将匿名信烧毁,相反如果找到了匿名信投递者,那么匿名信就不会被烧掉,而是成为为其定罪的证据。因为秦人认为,如果一个告发的人连姓名都不敢透漏,一定是心怀鬼胎、居心叵测。有了对于告发者的约束,官府接到的告发案件则都会是能够坐实的民事或者刑事案件,县令手下的令史就会负责传唤甚至逮捕被告,并检验诉讼相关的实物标的,必要的时候也要进行现场勘查甚至验尸。令史对现场的勘验秦律称之为"诊",也就是将勘查犯罪现场看作如同诊脉看病,秦简将这些现场勘测的技术活称之为"封诊式"。

因为国家希望通过变法创建的是一个团结奋进的社会,而不是一个诬告满天飞的社会。所以基于法律的震慑作用,可以想象,诬告在秦人的社会一定少之又少,秦人便可以通过将自己的精力更多地投入耕作和战场来改变自己的命运。

对于秦人的私斗,卫鞅认为:"(王者之政)使民怯于邑斗,而勇于寇战;民习以力攻难,故轻死。"也就是(作为统治者的智慧)应该让老百姓害怕、担心在乡里私斗,却能够勇于和外敌战斗。这个观点可以使得秦人实现内部团结一致对外的战略,所以卫鞅对于秦人的私斗规定了严厉的惩罚。在这个奖惩制度的震慑下,秦的社会治安迅速好转,很少再出现内斗的情景。

我们可以看到，卫鞅的做法可以极为高效地提升秦人社会的管理效率，特别是在精兵强国的军事化特殊时期具有高度的必要性，特别是对于秦人持续性地走向强大几乎起了决定性的作用。

同时，值得特别一提的是在卫鞅进一步的户籍管理制度的改革推动下，秦人建立了相应比较完善的官吏管理档案、司法档案、军工档案等等，在档案管理的专业性、先进性方面可以说在当时达到了世界领先水平，为此后中国的户籍、司法等领域的档案管理做了很好的开拓工作。

做好了社会管理的准备工作，以及对于耕战资源的掌握工作，卫鞅进一步的工作便是通过赏罚来激励耕战。

《商君书·农战篇》开篇讲到，一个国家要强大，是因为农业和军事很强大，而现在人们获得官爵并不是依据农业创收和军功，而是世袭或者"巧言虚道"，而商人钻营投机获益也减少了农业人口和国家兵员的数量。因此卫鞅为了把农业和军事突出到最为重要的地位，便决定继续重农抑商，对于商业从业者课以重税，破产者则收为奴隶，并开始用实际的利益来奖励农业生产和战功。

卫鞅对于垦荒种田予以奖励，在生产粮食和布帛到一定量时则给予免除劳役和赋税的奖励。而在军事领域，卫鞅将秦人的军功爵位分为二十等：一等为公士；二等为上造；三等为簪袅；四等为不更；五等为大夫；六等为官大夫；七等为公大夫；八等为公乘；九等为五大夫；十等为左庶长；十一等为右庶长；十二等为左更；十三等为中更；十四等为右更；十五等为少上造；十六等为大上造；十七等为驷车；十八等为大庶长；十九等为关内侯；二十等为彻侯。

于是，从此之后秦人所有的宗室贵族没有军功将不再获得爵位，这使得原来秦人旧有的官僚体系逐渐瓦解，整个秦人社会的爵位获得和晋升的唯一依据便是在战场上获得的军功。正如日本学者米刃山明所说："战国时期政权的官僚法制化和社会军事化密切相关，军事技术官僚取代世袭贵族成为社会等级的主干。"即使以前是奴隶，只要能够在战场上获得战功,也一样可以获得自由、获得爵位。

《战国策·张仪为秦连横说韩王》记载:"秦人捐甲徒裎以趋敌,左挈人头,右挟生虏。"也就是秦军战士在战场上不穿铠甲,近乎赤膊上阵,一场大战下来,秦军个个几乎都是左边夹着敌人的头颅,右边又携拽着降服的战俘。张仪为破诸侯连横游说韩王,所以对秦军的描述带有一定的渲染色彩,但是这一句描述却是战场上的秦军在卫鞅军功爵位制的激励下,奋勇杀敌的真实写照。

卫鞅规定:只要能从战场上带回来一个敌人的首级,就可以获得第一等公士的爵位,并得田一顷、宅一处、仆人一个。因此从战场上带回来的首级越多,获得的爵位就越高,获得的物质奖励肯定也就越多。因此敌人的首级不再是首级,而是可以直接获取荣耀和财富的钥匙。一个人获得了爵位,全家人获益,这便造成了秦军战士在战场上勇往直前的勇气,以及从战场归来的秦军战士一边夹着敌人的首级,一边

商鞅的改革造就了无往不胜的秦军

携拽着俘虏的独特景观。

"云梦秦简"的主人是一个叫"喜"的秦人,他是一位兢兢业业的法官,但是在秦国全民皆兵的体制下,也有三次从军的经历。他在自己的竹简里记载到,在攻打邢丘的战斗中,士兵甲斩首了敌人一个首级,而士兵乙企图杀死士兵甲,据首级为己有,却被第三个士兵发现,图谋不轨的士兵乙当场被捉拿归案。在这个肯定属于少数情况的案例中,我们可以看到卫鞅的军功爵位制对秦国士兵产生的巨大影响,以至他们为了个人的财富与荣誉,甚至出现自相残杀的情况。

卫鞅规定:如果一个士兵在战场上斩获两个敌人首级,他做囚犯的父母就可以立即成为自由人。如果他的妻子是奴隶,也可以转为平民。由于中国人重视家族传承,所以卫鞅规定,军功授爵是可以传子的。如果父亲战死疆场,他的功劳可以记在儿子头上。一人获得军功,全家都可以受益。卫鞅的变法带来了一个不再按出身和血统的贵贱分配权力和财富的时代。像秦人的军功授爵这样给平民甚至奴隶向上攀升的机会,明目张胆地鼓励国人追逐功利的国家法律,在当时,似乎只有秦人能够接受。所以我们也能够理解,为什么诸国的变法也只有秦人的变法最为彻底、最为成功。

喜的竹简中记载,在秦军中,爵位高低不同,甚至每顿吃的饭菜都不一样。三等爵位的簪袅有精米一斗,酱半升,菜羹一盘;二等爵位的上造却只能吃粗米;没有爵位的普通士兵能填饱肚子就不错了。由军功而划分的等级在秦军中就是这样森严。也正是在这样的利益驱使下,士兵们争抢敌人首级就是可以理解的了。可以想象,在秦军将士的眼中,敌人的头颅就是换取地位和财富的等价货币。

历史记载,经过卫鞅的变法,秦人的社会风气为之一新,在连坐制的震慑下社会犯罪急剧减少,路不拾遗、夜不闭户,秦人内部也很少出现内斗,而且不用再忧愁自己的身份和一无所有,只要战场上可以带回来敌人的首级,财富、爵位便都会拥有。卫鞅的改革给了底层的秦人一个崛起的希望,也给了秦人一个更加公平的社会环境,所以对于普通百姓来说可谓大快人心。

从此秦人所有的意志、勇气、愤怒、智慧、挑战都将属于一个地方,那就是战场!为了自身的财富,为了家族的荣耀,为了秦人的崛起和强大,也为了让秦人不再受诸侯国的欺凌。

虽然变法对于老百姓来说大快人心,但是旧有的贵族就不一样了,他们掌握着实际的一些权力,在这个社会还有一定的影响,因此变法对于旧贵族的打击成了卫鞅变法中震动最大的部分。因为卫鞅规定没有军功就没有爵位,这让大部分平民阶层逐渐拥有了爵位而成为国家的行政管理人才,而那些懒惰的旧贵族因为没有军功而逐渐失去了管理社会的机会。因此旧贵族对于卫鞅的仇恨成为卫鞅最终走向悲剧的重大影响因素,而太子的犯罪事件便成了卫鞅走向悲剧的直接导火索。

俗话说"王子犯法与庶民同罪",可以说这种法律面前人人平等的可贵思想在卫鞅的变法中就开始了。但是秦国的法律过于严酷,而且这个时候肉刑还没有被废除,所以法律的严酷几乎就是意味着犯法的人有些可能要接受肉刑的惩罚。所以变法开始时大部分的秦人似乎都不看好。

《史记·商鞅列传》记载:"令行於民期年,秦民之国都言初令之不便者以千数,於是太子犯法。"也就是卫鞅的新法刚开始实行的时候,到政府投诉认为法令不合适的人有数千人,而恰恰就在这个时候太子嬴驷,也就是未来的秦惠文王犯了法。卫鞅则认为"法之不行,自上犯之",也就是法令在社会上行不通的原因,首先是这个社会的上层,甚至执法者都不遵守法令,带头犯法,那么所谓的法令也就没有影响力,所以卫鞅以自己的权力决定对犯法的太子进行惩罚。但是太子是嗣君,不能实施肉刑,结果便是太子的一位老师公子虔,也就是秦孝公的长兄代替太子接受割去鼻子的酷刑,另一位老师公孙贾代替太子接受了脸上刻字的酷刑。从此在反对卫鞅的阵营中又多了一股势力。

而秦人看到连太子的两位老师都受到了严厉的惩罚,便开始遵守新的法令了,并且"行之十年,秦民大悦",最终的结果就是变法十年,新法让秦人欢欣鼓舞。孝公这时一定非常感谢上苍将卫鞅赐给了大秦国。在卫鞅变法的影响下,整个秦国蒸蒸日上,秦军的战斗力也越来越强大。

秦孝公八年,秦军再次与魏国大战,一战而胜;秦孝公十年,一代将才卫鞅从左庶长升任大良造,随后这位大良造亲自带领着秦军一路势如破竹打到了魏国的都城安邑城下,真正实现了"魏之武卒不可敌秦之锐士"。秦军"锐士"不仅夺回了被魏国占据多年的河西之地,而且也直接导致魏国迁都大梁,战国前期最强大的魏国在秦军"锐士"的面前从此威风不再。

秦孝公十二年,公元前 350 年,这一年秦孝公做了一个重大的决定,那就是秦人必须建造一座新的都城,在新的起点开始秦人新的历史。建设新的都城,这个任务秦孝公交给了卫鞅,都城的位置选在了九峻山之南,渭水之北,可谓山水俱阳,因此新的都城有了自己的名字"咸阳"。九峻山山势陡峭险峻,易守难攻,可为都城的天然屏障,咸阳又临近西周故都丰镐,这里农业发达、风景优美、物产丰富,成了秦孝公新都城最理想的选择地。

对于秦孝公来说,迁都另有深意。

旧的都城是旧贵族的聚集地,这意味着进一步更激烈的改革可能要受到更大的阻力。秦孝公的心中想着的是秦国的强大。秦国要不断走向强大,就要改变僵化的制度,改变僵化的制度就要改革,近十年的改革让秦国爆发出的活力和威力,让秦孝公对进一步的改革充满了渴望和期待。因此秦孝公决定必须建立新的都城,在新的都城开始新的变法,开启秦人新的历史。

公元前 350 年,卫鞅负责建造的咸阳城竣工,并且别有深意地建造了公布法令的门阙。次年秦孝公率领着自己的执政班子入驻新的都城，卫鞅则开始了新一轮更深刻的变法，而这些变法的内容也将更为深刻地影响中国的历史。

中国历史上，一个新的起点就要从这里开始了。

在崭新的咸阳城中，卫鞅开始了第二次大的变法。本次变法触及了最重要的改革部位，那就是废除传统的井田制，从此开始土地可以私有，也可以自由买卖，赋税的多少由占有土地的多少来决定，这进一步激发了小农经济的活力和底层百姓的能动性。用现在的术语来说就是生产资料占有方式的变化引起了生产力的革命。于是土地开始私有，经济活力被充分激发了出来，整个大秦社会开始蒸蒸日上。

为了进一步扩大秦人的农业人口和兵员数量，卫鞅进一步推行小家庭制，规定凡是一户有两个儿子的，成年后必须分家独立谋生，否则

秦都城咸阳（计算机模拟复原图）

要出双倍赋税,即使是父子,孩子成年后也须分家居住。如此秦人社会的家庭单位便会激增,同时人口规模也便随之增加,而国家所需要的兵员也就有了更多的保证。

本次变法还有两个内容对中国社会影响深远,那就是度量衡的统一和郡县制的实施。

在卫鞅变法之前,秦国各地的度量衡不统一。为了保证国家的赋税收入,卫鞅担任大良造的第八年里制造了标准的度量衡器,即如今传世之"商鞅铜方升",上有铭文记有:(秦孝公)"十八年""大良造鞅"监造,"爰积十六尊(寸)五分尊(寸)之一为升"。从"商鞅铜方升上得知,商鞅规定的 1 标准尺约合今 0.23 公尺,1 标准升约合今 0.2 公升。由量器及其铭文可知,当时统一度量衡一事是十分严肃认真的。商鞅还统一了斗、桶、权、衡、丈、尺等度量衡,要求秦国人必须严格执行,不得违犯。度量衡的统一让政府征收赋税、经济交流等活动方便了很多。

商鞅铜方升

考古中发现的商鞅铜方升现在为上海博物馆的镇馆之宝。

秦孝公十二年(前 350 年),卫鞅在秦国正式推行郡县制。

春秋时期,诸侯之间不断爆发战争,通过战争获得的一些土地开始被设置为县,成了周天下的国都、封邑和乡鄙之外新的行政区域。有人认为楚武王(前 740—前 689 年在位)灭权国后"使斗缗尹之"的行政机构即为县,"尹"即为该县政区的主管领导名称。随后秦武公十年(前 688 年),秦武公越过了陇山,攻克了今天甘肃天水甘谷的冀戎一带,并以族名在此建立了中国历史上第一个带"县"字的县级行政管理机构——冀县。在齐晋两国"县"主要用来赏赐臣下,如齐桓公予管仲"其县十七",齐灵公赏给叔夷"其县三百",晋景公"赏士伯以瓜衍之县",等等。

晋惠公元年（前650年），晋公子夷吾私与公子挚曰："君实有郡县"。这是"郡县"第一次正式出现，也说明"郡"开始出现。晋定公十九年（前493年）赵简子率师伐齐，在其誓词中说："克敌者，上大夫受县，下大夫受郡。"那么为什么上大夫受的是县，下大夫受的是郡？难道是因为县大郡小？原来郡的出现多在边地近敌的所在，地远而荒陋，县则由征战兼并的敌国邑鄙演化而来，地近而富庶，郡县也就有了好坏的分别。郡的长官为郡守，如魏文侯"以吴起善用兵……乃以为西河（郡）守，以拒秦、韩"。战国时代，郡县作为各个集权的封建国家的基本统治组织，长官由国君随时任免，不再世袭，并发给俸禄，不食封邑，其行政和军事也由国君直接命令指挥，并加以考核，可以说郡县制的出现有利于封建经济的发展和封建中央集权政治的成熟。

郡县制的普及可以说对中国社会影响深远，卫鞅规定：并诸小乡聚，集为大县，县一令，四十一县。也就是秦国将所有的小乡小村都整合成县，每个县设置一个县令，秦国境内共设置了四十一个县。秦孝公十三年，"初为县有秩史"，在县官之下，开始设置有定额俸禄的小吏，县一级地方行政机构从此正式确立。具体规定为：满万户以上的县设县令，俸禄在六百石至一千石；不满万户的县设县长，俸禄在三百石至五百石；县令、县长之下设丞和尉，尉负责全县的军事，他们的俸禄在二百石至四百石，称为"长吏"；此外还设有俸禄在百石之下的"少吏"。相当于县长的六百石以上俸禄的官吏称之为"显大夫"，斗食以下的低级官吏称之为"有秩之吏"。这些官吏定时领取政府的俸禄，而国君则可以随时任免他们，这与奴隶社会的世卿世禄制完全不同，是属于崭新的封建性质的行政机构和官僚制度，很显然这种制度确保了中央政府的权威，从此中央政府的权威和财政可以不受封邑政治和封邑经济的威胁和影响。

秦军在统一中国之后，秦国采取的郡县制将普及整个中国，并将影响此后数千年的中国历史。

我们可以看到的是,在春秋战国时期,郡县在其他各国也开始出现,但是各国旧贵族的强大成了他们变法失败的最大障碍,所以郡县制尽管在各国都已经开始出现,却只有秦国通过商鞅变法将这个制度真正在国内普及开来,摆脱了封邑政治、封邑经济的制约和影响,从而在列国中最为彻底地迎来了最具活力和高效的封建经济和中央集权的到来,也从而为秦军的后勤提供了根本的、充分的经济保障。

由于卫鞅变法的巨大影响,秦国在列国中迅速崛起和强大,甚至成了"战国七雄"中最强大的国家,天下为之震动。

考察卫鞅变法对秦国历史进程的影响,如果说是卫鞅成就了秦帝国,那么也在情理之中,因为卫鞅的变法是七国中变法最彻底、最成功的,变法的成功对于秦国的崛起肯定起了决定性的作用。卫鞅通过变法将秦国强大的机制用制度、用法律确立了下来,这些新的制度让秦人的社会发生了前所未有的变化,秦人感受到了新的制度给自己和整个国家带来的切身利益和好处,也看到了新的制度给这个国家带来的惊喜和变化,于是再也不会有人想通过自己的个人意志来倒开历史的车轮,哪怕卫鞅可以被车裂。卫鞅确立的军功爵制和法治传统用制度

汉代画像砖拓片
"宴饮"

确保了秦人稳定、持续性地走向了强大。

秦孝公十九年,公元前343年,周天子赐予了秦孝公霸主的称号;秦孝公二十年孝公派公子少官率领军队在逢泽朝见天子,并与诸侯会盟;秦孝公二十二年,卫鞅统领着秦军攻打魏国,这次士气高昂的秦军一战而胜,并俘虏了魏国公子卬。正是在这一年,由于卓越的改革成功和显赫的军功,卫鞅被秦孝公封为列侯,赐予商於之地十五个邑。

从这一年开始卫鞅开始被秦人尊称为"商君""商鞅",从此"商鞅"这个名字走进了中国的史书中。

商鞅以个人卓越的才能帮助秦孝公和自己都实现了各自的梦想。

秦孝公在宗庙里,告慰着先祖,秦人终于圆梦,这是变法的胜利,这是秦人的胜利,也是秦人顺应时代的胜利。

商鞅得到了自己理想中的一切,终于站在了历史的制高点,他享受到了法家最高的荣誉,可是,危机也悄然来临。

公元前338年,秦孝公没有带着一丝遗憾,离开了人世。秦孝公知人善任,挽救了秦国,也实现了他对商鞅一生的诺言:"终我一世,绝不负君!"

商鞅在秦孝公的灵前悲痛万分。在秦孝公这位商鞅变法道路上的唯一知己离世之后,他显得无比孤独和无助。因为他知道没有了秦孝公,他将面临的会是反对派的逆袭。

秦孝公死后,秦惠文王即位,宗室和旧贵族们对于商鞅的愤恨更加明显和公开。公子虔的门人立即控告商鞅谋反,于是秦惠文王开始派遣吏卒抓捕商鞅。令人感叹的是,商鞅知道自己的危险终究要来临时,并不是没有逃生的可能。他来到一家边境客店投宿,准备第二天逃出秦国。店主不认识他,对他说:"商鞅定下规矩,留住没有名刺的人,我要受连坐的处罚。"商鞅被自己的法令所困,但内心也猛然醒悟:自己以法立国,自然应该要为法治而殉道。

于是商鞅回到自己的封地,等待着命运的宣判。

商鞅最终等来了秦惠文王的吏卒,秦王宫很快宣告商鞅将被处以车裂之刑。

商鞅变法中出现的惩罚由于过于严酷而无法避免地成为本人被诟病的一个主要原因。以至于《史记》的作者司马迁先生也认为商鞅乃是"刻薄少恩"之人,并认为如果商鞅能坚定地改革,同时避免刻薄少恩的缺点,那么就不会留下历史的遗憾,也可能不会遭遇最后的悲剧了。

在渭水之边,秦惠文王,这位昔日由老师代为接受惩罚的太子今日终于成为了秦王,他对商鞅处了车裂的刑罚,里面自然包含着这位昔日的太子和反对派们对于商鞅的仇恨。然而商鞅说道:"鞅的血,将融进秦国,鞅的名字,将与先君一起载入青史,新法得护,先君的子孙必将有一日纵横天下!为了这万载霸业,鞅一命何足道哉!"

商鞅的死,让秦国的变法之路蒙上了一丝血色,但是秦国的变法并没有走到尽头。秦国变法的成功,同时也宣告着秦人东方战略的开始,秦人一统天下的霸业由此正式拉开了序幕。

然而无论如何,正是商鞅的变法让秦人迅速地崛起,特别是严酷的法制和具有诱惑力的奖赏制度,更加强化了秦人在战场上的勇武精神和坚强意志。从此秦人将拥有一支勇往直前、几乎攻无不克的军队来征服六国、一统天下。

自公元前 350 年以来,强大的秦军从没有停下自己征服的脚步,所有秦人都将手中的长剑指向了东方。在此后的一百三十年的时间里,从咸阳出发的秦军,百战百胜,歼灭六国军队 160 多万,终于实现了秦人一统天下的理想。

然而,《史记》对秦军的描述似乎就是嗜血如狂、嗜杀成性的战争机器,而历史上商鞅变法后真实的秦军究竟是什么样子?很幸运的是,我们看到了一批司马迁也没有看到过的秦简,上面为我们记载了一些有关秦军的故事,让我们看到了商鞅的变法在秦军和秦人社会具体实施的状况,也让我们看到了历史上那些真实的秦军,还有他们的秘密。

秦简里的秦军

1975年11月初,在湖北云梦睡虎地肖李村农民张泽栋与同伴在修建排水渠道时发现新开的渠道里有一段青黑色的泥土。他认为这种泥土与两年前云梦大坟头墓的泥土一样,初步断定睡虎地葬有古墓,于是挖了下去,随后便在渠道中现出了一角椁盖板。"这里有文物!"他们有过这样的经验了,于是顾不得回家,赶紧跑到县文化馆报告,县文化馆也意识到了问题的重要性,于是消息很快传到了省里,省博物馆专家陈振裕和陈恒树领着考古队赶到了云梦。

1975年底至1976年春,湖北省地市考古工作者来到云梦楚王城西郊的睡虎地,发掘工作正式开始。随后的挖掘发现,在30米长的地段中明显地暴露着12座古墓,出土的器物,以漆器、木器、铜器、陶器居多。这次考古发现首次发掘出了秦代的木椁墓,一共12座,共出土精美文物370余件。特别是其中十一号秦墓地内,一具成人骨架的四周摆放着大量竹简,头底下枕着简,手里按着简,脚下还是放着简。由于棺材一直浸泡在地下水中,温度恒定,这些竹简才没有腐烂,墓主人的尸骨也保存得很完好。于是考古人员小心翼翼地将骨架连同四周的竹简原封不动地转移到县文化馆,拍照、登记、清洗,并电告国家文

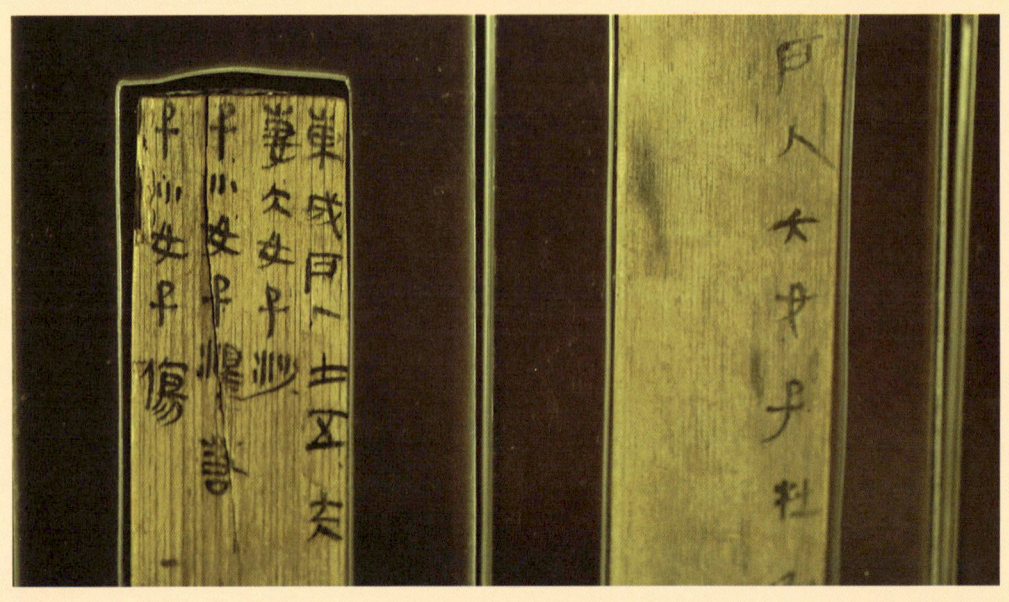

秦简

物局。

由于十一号墓室出土的竹简数量太大,引起了相关单位的注意。很快,北京派来了重量级学者李学勤等人。经过二十多个日夜的攻关,李学勤教授等人很快确定了这1155枚竹简的基本内容。

出土的1155枚秦简被称为"云梦秦简",近4万字,为秦始皇时期的历史文献,但反映的历史却长达一百多年,早到商鞅变法,晚到秦始皇三十年。这批秦简绝大多数保存完好,整简一般长为23.1—27.8厘米,宽为0.5—0.8厘米;简文为墨书秦隶,字迹清晰端秀,笔画浑厚朴拙,有的简两面均有墨书文字,但大部分只书于篾黄上。竹简系用细绳分上、中、下三道,将竹简按顺序编组成册的。

这些竹简是我国首次发现的大量秦代竹简,有一半以上是关于秦代的法律,也是我国迄今发现的最早最完整的法典。云梦秦简出土前,我国还未出土过秦简。历史学家对于秦朝的法律制度了解很少,因为秦朝统一以后所制定的很多法律都已散失,而现存的古典文献中记载的只是不成体系的一些片段,无法了解全貌。云梦秦简的发现正好填补了这一空白。这批竹简是研究秦文化难得的实物资料,极大地弥补了秦史料的不足,有助于秦文化的深入研究。秦简的发现对于研究秦代的政治、经济、军事和文化等各个方面,都具有重要的学术价值。其数量之多、内容之丰富,都是空前的。

经专家研究整理,这批秦简共被分类归纳为"编年纪""南郡守腾文书""秦律十八种""效率""秦律杂抄""法律答问""治狱程式""为吏之道"等8种。其中一部分简文上还署有标题。主要是关于秦的统一战争,秦的中央集权制度,以及统一度量衡和统一货币等各个方面的内容。此外,还有关于医学、哲学、五行学说等方面的内容。其中部分内容是关于这批秦简主人的生平,从他的生平我们可以看到商鞅变法后秦军的许多秘密。

根据这些挖掘出的秦简的记载,拥有这些秦简的十一号坟墓的主人是一位名叫喜的秦朝法官,竹简上写道:秦昭王四十五年(前262年),喜在12月的一个早晨鸡叫的时候出生。这样算起来,喜比伟大的秦始皇整整大两岁。喜出生的那一年,秦军正在攻打韩国的大野王。两年以后,喜的另一个家庭成员"敢"出生的时候,秦军正在长平和赵国决战,那是当时世界上最为惨烈的一场战役。战争,在秦国普通人的生活里,竟然成了岁月的主角。

在秦始皇登上王位的那一年,喜17岁了,向政府申报了自己的年龄。秦人将向政府申报年龄的行为称为"傅籍"。春秋战国时期由于战争频繁发生,规模也越来越大,于是开始出现一种制度,把全国适龄的男性全部登记造册,以备战时随时征调。"傅籍"的意思就是他作为一个壮丁可以为国家效力了。

喜的自传解决了一个长期困扰历史学家的问题:秦人什么时候开始服兵役。喜向政府登记年龄的那一年是17岁。在秦国,17岁是男子成年的标志。申报年龄以后,国家就可以随时征召喜这样的成年男子上战场。此后,大约过了一百年的时间,西汉景帝把"起傅"的年龄延后到20岁,到汉昭帝时改为23岁,从这点来看,秦人接受战争考验的年龄是比较小的。

竹简上记载:喜分别在秦始皇三年、四年和十三年的时候从军打仗。我们不知道喜在军队中究竟干什么,也不清楚他每次在军队里服役多长时间。但喜从20岁到30岁的十年间曾经三次参加战斗,可以看出来,在秦国一个人一生服几次兵役似乎没有严格的规定。从17岁到60岁,只要国家需要,所有的成年男子都会随时奔赴战场。遇到紧急战事男子从军的年龄还会提前,在长平之战时,秦将白起率军攻赵,战争中白起命令一支小部队截断了赵军的粮道,秦昭王得知后亲自赶到河内战场,赐给从军的百姓每人一等爵位,年龄满15岁的男子尽行征发。这支年龄组成偏小的秦军被称之为"小子军"。"小子军"全数被调往昌平前线,阻断赵国援军。这在秦军的历史上,应该是属于权宜之计，战国晚期的秦国在正常情况下，男子还是以17岁为服役的起始年。从这里我们可以看出，秦国实行的是战时全民皆兵的战略，所有健全的男丁在合适的年龄应该都要进入军队服役，从而确保了大秦军队兵员的稳定。

商鞅变法为秦人的军功爵位设立了二十等级，凡是得到一级爵位的士兵犯罪的刑罚都可以得到减免，普通人服役期限从17岁起始到60岁止，而有军功爵位的人则可以减少在军队的服役期，56岁就可以提前退伍，这在当时被称为"免老"。

喜参加过的三次战争很可能都是小规模的。在秦军发动全面统一战争的前一年，喜在自传中写道：自占年，老百姓向国家普遍登记年龄。专家们惊奇地发现，司马迁的《史记》在那一年有同样的记载："初令男子书年"，也就是秦国命令所有的成年男子向政府登记年龄。看来，小人物和大历史学家对这次人口普查都十分关注。事实上，进行人

云梦秦简（现代复原品）

第二章　商鞅的贡献：铸造秦军的一次变法　|　073

口普查是秦始皇的命令,是为大规模的统一战争做准备。

十年统一战争时,秦国调动了大约100万的士兵,当时秦国的人口是500多万,5个秦人当中就有一个士兵,这个比例一直让历史学家困惑不解。或许,喜的经历可以解释这个问题。从喜的经历来看,秦国实行的是普遍的征兵制,当战争爆发的时候,每一个秦人都必须无条件地服从国家的安排。可以推测,绝大多数秦国男子都有和喜相似的经历。

为了发动规模空前的统一战争,秦始皇大概征调了全国至少一半以上的成年男子。只有这样,秦人才能组建起一支"带甲百万"的庞大军队。

从竹简上的记载来看,喜并没有参加始皇帝的十年统一战争,而是在地方上做了县长的法律秘书。喜大概是在这个位置上终其一生的,他的自传在秦始皇三十年的时候戛然而止。医学专家对墓葬中喜的骨骼鉴定证实,这是一个45岁左右的男性。喜历任安陆御史、安陆令史、鄢令史及鄢狱吏等与司法有关的职务,是庞大的秦帝国官僚机器上一个普通而兢兢业业的法官。作为一名兢兢业业的地方法官,喜抄写了大量的法律文书;同时,喜也书写了自己的传记。正是有了喜的自传,我们才得以走进两千多年前一个秦国士兵的生活。正是像喜这样的普通士兵,组成了秦国的百万大军。

在西方,伟大的亚历山大有5万人的军队,罗马军团最为强盛的时候也不过几十万人。在农业文明的时代,军队规模被限制的一个重要原因就是无法生产足够的粮食。在那个遥远的年代,为什么只有秦国负担得起百万大军的连年作战?秦人是如何做到这一点的呢?

商鞅通过自己的变法告诉秦人,创业翻身时期生活中只有两件事:耕田和打仗。要想摆脱诸侯列强对秦人的欺凌,要想获得不被侵略的稳定生活,也只有两件事:耕田和打仗。而只有强大的农业才能支持不断扩大的战争。《史记》上说,耕战策略最终成就了秦国一统天下的抱负。但是,这一国策具体是怎样执行的,它如何影响500多万普通的秦人?言简意赅的历史文献并没有提供答案。

1975年考古学家们发现喜的墓之后,很快又发现了另一个墓葬,与喜的墓葬比,它显得窄小、寒酸。然而,两块写满文字的木条却引起了考古人员极大的兴趣。专家通过木片上的文字发现,古墓的主人是战国晚期一个普通的秦人,这两块写满文字的木条竟然是当时的家信。战国晚期,纸还没有发明,信就写在这种长20多厘米的木条和竹简上,这是考古发现中国最早的家信。两千多年前,什么样的秦人写了这两封信呢?信是从淮阳寄来,写信人是兄弟俩,"黑夫"和"惊"。战国末期,社会处在急剧的动荡之中,这两兄弟为什么离家在外?黑夫在信中说,淮阳发生了叛乱,他们正在攻打淮阳。参照当时的一些历史文献,专家发现,淮阳之战就发生在秦灭楚期间,黑夫和惊正是统一战争期间秦军攻打楚国的部队中两名普通的士兵。

公元前223年,秦国发动的统一战争已经接近尾声,六个诸侯国只剩下最后两个,其中楚国是秦国最为强硬的对手。灭楚的战争开始由攻灭燕国的名将李信统领了20万秦军来完成,但是最后大败而归,并有七名都尉被斩。《史记》记载未来的始皇帝不得不亲自匆匆赶往频阳,有请老将王翦出马。为了消灭实力雄厚的楚国,未来的始皇帝最终答应大将军王翦可以带走秦国60万军队,这60万秦军参加的灭楚战争最终持续了两年。

专家们发现,参加了伐楚部队的黑夫和惊在信中写了一些当时的生活琐事。兄弟两个写信向家中要钱和衣服,其中惊显得十分着急。他说:"愿母遗钱五六百,布谨善者勿下二丈五尺……室(实)弗遗,即死矣!急急急!"也就是说如果母亲不快点寄钱的话,他的命很可能都保不住。惊的钱不够了,他借了别人的钱,借了一个叫垣柏的人的钱,很希望他的母亲能快点寄钱过来。

而黑夫的信中则说:"遗黑夫钱,母操夏衣来。今书节(即)到,母视安陆丝布贱,可以为禅裙襦者,母必为之,令与钱偕来。其丝布贵,徒(以)钱来,黑夫自以布此。黑夫等直佐淮阳,攻反城久,伤未可智(知)也,愿母遗黑夫用勿少。"黑夫希望母亲把夏天穿的衣服寄来,越快越好。如果家那边布贵的话,就多寄些钱,他自己买布做夏衣。

根据秦简中的内容我们得知,黑夫离家从军的时候应该是冬天,穿着比较厚的衣服,他没想到战争一直持续到了夏天,天热了他希望母亲能够给他送来夏天的衣服。

这两封看似普通的家信,却透露了极其重要的信息。从黑夫和惊向家中要钱和衣服来看,秦军的军饷和军装的配备可能出现了临时难以为继的情况。当然也有一些学者据此信息认为秦军士兵除了军粮的配给之外可能并没有军饷和军装、便服的配给。经过商鞅变法后的秦国发展了一百多年,如果没有足够的国力支撑一支军队的军装、便服或者军饷,那将是令人难以相信的。

那么,按照秦简里的记载,秦军士兵的衣服真的要自己解决吗?

我们可以想象,如果秦军士兵自备军服,那么混乱的军容会严重影响秦军在战场上的形象和对敌我的分辨。所以根据出土兵马俑基本统一的装饰证据,我们可以判定秦军的军服应该是国家补给。但是因为秦军过于庞大的数量,秦军军装的标准化生产可能并不能完全满足秦军装备的及时、充足的要求,或者也有战争等其他多种复杂情况的制约,会导致秦军士兵军装的难以为继,绝大多数的士兵这时只能临时凑合穿着不合季节的衣服苦等新的军装或者便服的到来。而对于一些家境富裕的秦军士兵,像黑夫和惊,可能就会托付服役期满的同乡在回家后让家人托人将自己所需的便服及时送来。当然,这只能是秦军中极少数士兵才会存在的情况。

不过,将自己的信函托人送往家乡,即使心意如愿,家中的衣服再送到前线,在那个时代这番周折无疑也是需要一个较长的周期。这说明秦军很多时候,在一个比较长的时间内政府并不能及时地为秦军配给军装、便装等必要的军需物资。

此刻,我们是否觉得黑夫和惊的故事有些似曾相识?是的,黑夫和惊的故事让我们再次回想起了秦人的那首《诗经·秦风》。从艰难的"创业"期秦军"无衣"的时代到始皇帝的时代足足有几百年的发展,然而秦军的后勤物资供应真的还依旧这么贫乏吗?如果说秦军在艰苦的"创业"期由于军需物资的贫乏而出现"无衣"可以理解,那么商鞅变法让秦国已经富强了一百多年,秦军再出现"无衣"的情况,似乎很难让人相信和理解。

然而黑夫和惊的信件在真实地告诉我们,在秦始皇统一中国的时候,正在横扫六国、一统天下的秦军的确在某些时候出现了将士"无衣"的状况,那么这是怎样的一个谜团呢?这是真实的吗?

王学理先生根据黑夫兄弟的信函,认为秦军军装依然是国家统一发配,只有内衣需要自备;秦俑博物馆研究员王关城先生则在论文《再论秦代士兵的服装供给问题》中也提及了"如何看待黑夫兄弟的信"的问题,并认为秦人从军不可能像现今一样从内到外、从头到脚全部换装,秦人从军也许穿着随身衣服前往军队,但以后所需军装则全由政府分发。王关城先生从秦人的驿站邮传业的性质(只传递官方文书,不可传递私人物件)、发展水平及军队的特殊性、机动性,还有考古所见兵马俑军装等多方面综合考察,最终认为:"秦士兵的衣服由国家提供,但并不充裕,且会因战争等因素的制约有时难以为继,这时士兵偶尔会自己想办法,但具有此条件的士兵极少,绝大多数士兵即使军衣供应中断,也只好穿着不合季节的衣服苦等新衣的到来。一支百万之众的军队若由士兵自备衣服所引发大量减员、士气低落、军心涣散等各种问题都是国家利益、军队职责所不允许的,也是不可想象的。"

可以说,商鞅变法对秦人农业和纺织业的赏罚刺激,促使秦人能够生产足够的粮食和物资,那么为什么会出现黑夫和惊所提及的"无衣"的情况?我们不能不做这样的思考,那就是如果始皇帝时期的黑夫和惊依然存在"无衣"的尴尬情景是真实的，那么或许只有一个可能的解释，那就是秦人频繁而规模庞大的战争需求既促成了秦军军队数量的庞大，同时庞大的秦军也对秦人国内有限的资源进行了近乎过度的消耗，同时战争的伤亡导致的人口损失也在所难免，所以总体上秦人整体的人口在始皇帝统一中国的时候很可能并没有史学家们估计的那么多。加上战争频率的不断增加，战争规模的不断扩大，战争对于物资消耗的需求量也越来越大，这导致秦人的后勤物资供应很可能暂时性地出现"无衣"的情况。

然而无论秦军暂时性"无衣"的原因是什么，我们应该知道的是秦军"无衣"而战具有悠久的历史。同时想想战场上的军功对于秦军将士来说就意味着爵位和财富，赤膊上阵对于秦军将士来说只是让杀敌更为方便，那么诸如"无衣"这样的问题对于大部分秦军将士来说都将不是问题。

"与子同袍"地战斗了几百年，"无衣"对于秦军来说应该根本不是问题。"与子同仇"的高昂士气、先进的"戈矛"与"甲兵"才是秦军创造传奇的真相。

喜是一位法官，陪葬他的这些秦简大部分记载着始皇帝时期秦人和秦军日常接触的法律。那么，在喜的秦简中，法律还对哪些领域做了规定呢？

作为地方法官的喜生前一定是一个非常敬业的人。他在地方法律秘书的任上，把秦国繁杂的法律一一抄写在竹简上，死后也要永远放在身边。在中国历史上，秦国以法律严厉著称，但秦法的具体内容史书中记载的却并不很多，而展现在专家面前的这1000多枚竹简上，清清楚楚地记载着秦人各方面的法律规定。

竹简上有这样一些内容：士兵不许冒领军粮，违者戍边两年；私自买卖军粮的士兵，同样要受到惩罚。在秦国法律还规定在饮食上，军官的待遇与士兵不同。喜抄写的竹简最终提供了答案：在秦国，军粮是由国家统一供应的，而且不同爵位等级的官兵拥有不同的伙食标准。第三等级的簪袅可以有精米一斗、酱半升、菜羹一盘，而二等爵位的上造就只有粗米一斗、菜羹一盘、盐二十二分之二升，至于普通士兵，则只能勉强果腹。

从喜的这些用兔毛笔蘸松油墨撰写的记录中，我们得知秦法详尽地规定了每个官员、农民、士兵的职责。仓库漏水导致粮食霉烂，损失在百石以下，主管官员"仓啬夫"就要受到申斥，百石到千石之内，就要缴纳一副甲胄作为罚款。每年年底，所养耕牛肥壮的农业管理官员"田

静立的军阵仿若整装待发的伐楚大军

啬夫"将得到酒一壶、干肉十条的奖励,并可以免除下属养牛人 30 天徭役。而每个制造兵器的工匠和监督者,都必须把名字和职务刻在自己的作品上,如果出现质量问题,则要受到逐级追究。

喜的竹简上还有这样的记载,值得我们注意:秦军在战前和战后,都要大量饮酒。大碗的酒使血流加快、神经亢奋。作战命令已经下达,战争就要开始,要么战死疆场,要么加官晋爵,在这种时刻,酒使所有的士兵只有一种冲动:奋勇杀敌、建功立业。研究人员观察到了一个奇怪的现象,绝大多数秦军士兵的腹部都微微鼓起,这大概与长期喝酒有直接关系。

包括黑夫和惊两兄弟在内,秦军征伐楚国的时候,动用了有史以来最多的兵力。可以想象,在楚地广袤的战场上,旌旗招展、人喊马嘶,到处都是安营扎寨的部队。为了供应 60 万人马每日的消耗,后方运送粮草和美酒的车辆一定车轮滚滚、连绵不绝。

根据史书记载:一个秦军士兵每月的口粮大概在 40 斤,秦国灭楚,战争打了将近两年时间,需要的粮食至少在 50 万吨以上。连年负担如此沉重的军粮生产,可以推想,没有一个空前发达的农业,根本就无法保障这种规模的战争。幸运的是,喜抄写的 1000 多枚竹简上,为我们了解秦国商鞅变法后的农业发展提供了线索。这些法律条文清清楚楚地显示了两千多年前,秦人是如何管理农业的。

云梦秦简里的《田律》一开始就提到,天如果要下雨,就要准确回报雨量的大小,雨的范围也要汇报清楚。如果发生旱灾,也要及时报告旱情。而在播种的时候,则明文规定:水稻种子每亩用二又三分之二斗;谷子和麦子用一斗;小豆三分之二斗;大豆半斗。如果土地肥沃,每亩撒的种子可以适当减少一些。

我们可以看出,秦人是用法律来保障所有的农户都用当时最先进的方法种庄稼。令今天的我们震惊的则是一个国家对农业耕作的管理,竟然能够具体到如此程度。

春秋战国时期,牛开始代替人力耕田,它的意义在当时绝不亚于现代农业中用拖拉机代替耕牛。因此,牛的地位在秦国的耕战国策中至关重要。云梦秦简上记载:各县对牛的数量要严加登记,如果由于饲养不当,一年死三头牛以上,养牛的人有罪,主管牛的官吏要受到惩罚,县丞和县令也有罪;如果一个人负责喂养十头成年母牛,其中的六头不生小牛的话,饲养牛的人就有罪,而相关人员也要受到不同程度的惩罚。而耕田的人也不能过度消耗牛的体力,如果耕地以后牛消瘦了一些,使用牛的人就要被施以鞭打十下的惩罚。类似这样的规定很多,也非常严格。

历史学家们知道,秦人有繁杂严厉的律法,但湖北云梦出土的这些竹简,让今天的人们真真切切地感受到的则是,秦国的法律细致严谨到了什么样的地步。

春秋战国时期的铁质农具——插

政府为了鼓励耕田者试用先进昂贵的农具,法律规定:农户归还官府的铁农具,因为使用时间太长而破旧不堪的,可以不用赔偿,但原物得收下。国家又为什么如此重视铁农具呢?

陕西省凤翔县,有个大坑曾经是秦国一个国君的坟墓。20世纪80年代初期,考古人员在这儿发现了一大批铁制农具。根据常识判断,国君的陪葬物理应是当时最为贵重的东西。那么我们在这个秦王用铁农具陪葬的事实面前,或许就可以理解铁农具和农业在秦人社会中非同寻常的地位和价值了。

由于政府的鼓励,普通百姓更愿意使用铁制农具,铁制农具的锐利和效率是石制农具和青铜农具无法比拟的。铁农具的普及让秦人大面积的耕作成为了可能。

这座秦王墓中的铁铲、铁插质地精良、美观实用,是迄今为止我国发现时代最早、数量最多的一批铁制农具。根据专家鉴定,这些铁制品属于铸铁制品,这一发现将我国的铸铁史又向前推进了数百年。根据考古发现的证据,秦人是最早将铁制农具应用到农业生产中的。

依据史书记载,我们也可以发现,秦人也是最早在农业生产中使用耕牛的。在秦始皇陵园内出土大铁犁,让我们完全可以想象"创业"时期的秦人农业兴旺发达的景象。这种铁犁在中国将要被使用数千年之久,甚至在今天西北没有实现现代化耕作的一些偏远地区,依然在使用这种铁犁。

事实上,秦人在得到巴蜀地区之后,农业生产已经毫无疑问稳居诸侯国之首,粮食生产总量也是诸侯国中最多的。秦国的农业生产不仅自给有余,还经常输出其他国家。春秋时期,晋国发生旱灾,秦国就通过渭河、黄河、汾河为晋人输送救援粮食,运粮的车队从咸阳出发,一直绵延到晋国都城;在战国中期,秦国也曾运送五万石大米给楚国来帮助楚人度过饥荒。

当秦人的军队还在使用青铜兵器厮杀的时候,秦政府就鼓励农民大量使用先进、昂贵的铁制农具。

在一个以自耕农为主的时代,秦国却通过严谨的法律实现了对农业有效的宏观管理。这种管理即使在今天看来,也是相当先进的。先进的农业管理最终造就了秦人发达的农业体系。正是强大的农业给了秦人"带甲百万"的底气,也给秦军创造自己的传奇提供了雄厚的保障。

然而,秦国尽管有发达的农业,有限的国土面积仍然无法支撑一支规模越来越庞大的军队。国家的决策者们为此殚精竭虑,如何来解决这个日益矛盾的问题呢?

都江堰与郑国渠

公元前316年，秦国南方的巴国和蜀国发生战争，双方都派遣了使者向秦惠文王求援，秦惠文王一直有吞并巴蜀之意，想借此巴蜀内乱之际将两者吞并，不料恰在此时韩国的军队侵犯秦境，秦惠文王便在咸阳宫召集群臣商议对策：是该先伐蜀还是先攻打韩国？主要参与决策争论的是大将司马错和丞相张仪。

于是发生了历史上著名的"司马错论伐蜀"，这次著名的论争以"司马错与张仪争论于秦惠文王前"的题目被历史学家刘向写进了《战国策·秦策》，双方争论的焦点是应该先夺取南面的巴蜀还是先攻打东面的韩国。双方辩论激烈，可是最终一代纵横大家张仪败在了司马迁的这位远祖、一代名将司马错的手里。

张仪认为攻打韩国最终可以声讨周天子的罪行，逼迫周天子交出象征王权的九鼎，从而"据九鼎，按图籍，挟天子以令天下，天下莫敢不听，此王业也"，而蜀国则是"西僻之国也，而戎狄之长也，敝兵劳众不足以成名，得其地不足以为利"。也就是攻打韩国可以挟天子以令诸侯，从而成就秦人梦想的王业，而攻打蜀国则是获得一块偏僻的土地，而且劳师动众、劳民伤财，得到蜀国是没有什么好处的。

青铜壶

青铜鼎

然而大将司马错却认为秦国地小人少没有成就霸业的物质基础，要想获得成就霸业的财富，那就必须先扩张土地、增加财富，如果可以获得更为广阔和富庶的巴蜀根据地，则可以为秦人东扩的战争提供源源不断的物质财富，所以攻灭巴蜀，既有平乱的美名，也能为秦人获得实际的好处。"夫蜀，西辟之国也，而戎狄之长，而有桀、纣之乱。以秦攻之，譬如使豺狼逐群羊也。取其地，足以广国也；得其财，足以富民缮兵。不伤众而彼以服矣。故拔一国，而天下不以为暴；利尽西海，诸侯不以为贪。是我一举而名实两附，而又有禁暴正乱之名。今攻韩劫天子，劫天子，恶名也，而未必利也，又有不义之名，而攻天下之所不欲，危！"

最终秦惠文王听从了司马错的观点，起兵伐蜀，当年就完全占有了巴蜀之地，蜀地的王从此只能称侯，秦惠文王还派遣了陈庄辅助这位蜀侯。《战国策》认为自从蜀地归属秦国后，秦人就"益强富厚"，甚至从此开始藐视诸侯。随后的历史证明，这个有远见的决定为秦国最终赢得统一战争的胜利铺平了道路。

司马错为秦王打下蜀地之后，随后又领兵攻占了楚国的上庸等地，从此强大的楚国在秦人的面前一躲再躲，将自己的都城一路东迁。

历史学家们分析战国后期的形势时认为：楚国、齐国和秦国在当时都是最有可能实现统一天下的国家。秦国攻占巴蜀后，统一的天平向秦国大大倾斜。控制了巴蜀之地，不仅对长江中下游地区的楚国直接构成威胁，同时巴蜀地区在两千年前就是天然的大粮仓。秦国拥有巴蜀之后，军粮储备取得了长足的进展。《史记》中记载：几十年后司马错攻打楚国，秦军顺长江而下，一万艘船运载了600万斛的大米。这不能不说是巴蜀的伟大功劳。司马错攻蜀对秦国的崛起和强大产生了巨大的影响，以至于司马迁先生认为商鞅和司马错为秦国的强大、崛起以及未来的一统天下奠定了最重要的基础。

然而，两千多年前的成都平原并不能稳定地为秦军提供粮草。岷江经常泛滥，旱灾也时有发生，如何将这块旱涝成灾的地区变成大粮仓，成了秦人急迫需要解决的一个问题。所以在司马错之后，秦王派遣了李冰来到巴蜀，出任巴蜀的最高行政长官（约前256—前251年），就是这个人，仅仅数年之间便使成都平原富甲天下，成为"天府

都江堰

之国"。

岷江从海拔4000米的松潘高原飞流直下,横贯成都平原,水流落差极大,经常给当地百姓带来水患。李冰到蜀地担任郡守后,和儿子沿岷江沿岸进行了实地考察,发现曾经的蜀王开明所凿的引水工程渠首选择不合理,也亲眼看到当地洪水肆虐的灾情:发源于成都平原北部岷山的岷江,沿江两岸山高谷深,水流湍急;到灌县附近,进入一马平川,水势浩大,往往冲决堤岸,泛滥成灾;从上游挟带来的大量泥沙也容易淤积在这里,抬高河床,加剧水患;特别是在灌县城西南面,有一座玉垒山,阻碍江水东流,每年夏秋洪水季节,常造成东旱西涝。

经过考察和研究,李冰开始调动大量的人力和物力,着手进行大规模的治水工程。李冰对阻碍水流的岩石先用火焚烧,再浇以冷水使之爆裂,江水因此得以畅通;将鹅卵石装在竹笼里,层层积压筑成堤坝。李冰在治理水患的过程中,做出了一个开创性的举动,那就是将石人放在江中,以方便观测水位。李冰在岷江中游最恰当的地方将岷江一分为二,洪水季节,江水漫过水坝,从远处干涸的河道泄洪,干旱季节,岷江水被李冰的水坝送进宝瓶口这个狭窄的通道,灌溉成都平原的万亩良田。这就是古代水利史上最了不起的工程——都江堰。

都江堰的修成,不仅解决了岷江千百年来泛滥成灾的问题,而且从内江下来的水还可以灌溉十几个县,灌溉面积达三百多万亩。从此,成都平原成为沃野千里的富庶之地,获得"天府之国"的美称,非旱即涝的历史从此终结。蜀人有感于李冰的恩德,遂尊李冰"川主"名号。

整个都江堰工程规模宏大,地点适宜,布局合理,兼有防洪、灌溉、航行三种功能,在中国的水利史上是前所未有的划时代创举,甚至在整个人类水利工程史上也属于罕见的杰作和奇迹。李冰的治水规划在今天看来也极其科学,设计之完备至今仍然令人惊叹!我国古代兴修了许多的水利工程,其中颇为著名的还有漳水渠、郑国渠等,但都先后废弃,唯独李冰创建的都江堰泽被至今,今天依然为我们发挥着防洪、灌溉和运输等多种功能。一个水利工程能使用如此长久,这在整个人类水利史上也是绝无仅有的。

1974年,在都江堰枢纽工程中,发现了东汉时代的李冰石像,其上题记"故蜀郡李府郡讳冰"。这说明早在一千八百年前的东汉时代,李冰的业绩已为人民所称赞和传颂。

秦人天才的水利工程技术最大限度地保障了粮食生产,都江堰出现之后,秦国的粮食产量便远远高于其他诸侯国。但是,秦国的决策者仍然不满足。

公元前246年,未来的秦始皇开始执掌秦国大权。经历了一百多年的国力积累之后,一统天下的时机就要来了,弱小的韩国是秦国第一个目标,然而,事情似乎并不这么简单。

秦国的都城咸阳建在关中平原上,这一带是国家的心脏地区。但是,由于这一时期降雨量稀少,都城粮食的战略储备受到影响,秦王嬴政为此忧心忡忡。关中是秦人的大本营,如果这个大本营的粮食生产和粮食储备存在问题,那秦人一统天下的梦想便存在一个无法忽视的后顾之忧。

有一天,一个叫郑国的韩国人来到咸阳城,并要求面见秦王,他告诉秦始皇,在关中平原上的泾水和洛水之间挖一条大渠,把两条河连接起来,利用泾水丰富的水量灌溉洛水一带的干旱土地,关中就不怕干旱了。郑国的建议马上得到嬴政的响应。秦王嬴政命令郑国以总工程师的身份,督造这个大型的水利工程。

郑国来到秦国的历史时刻是一个很微妙的时期。

战国末期,在秦、齐、楚、燕、赵、魏、韩七国中,秦国国力蒸蒸日上,可谓对东方世界虎视眈眈,而东方世界首当其冲的便是东邻韩国,也就是郑国的母国。而韩国在此时已经屡弱到了不堪一击的地步,随时都有可能被秦并吞,所以韩王总是忧心忡忡。公元前246年,韩桓王在走投无路的情况下,采取了一个非常拙劣的所谓"疲秦"之策,他以著名的水利工程人员郑国为间谍,派其入秦,游说秦国在泾水和洛水(北洛水,渭水支流)间,穿凿一条大型灌溉渠道。表面上说是可以发展秦国农业,真实目的是想要耗竭秦国实力,然而过于弱小的韩国可实在是大大地小觑了秦人的实力。

在施工的过程中,韩国"疲秦"的阴谋败露,秦王大怒,决定要立即杀掉郑国,然而此时的郑国却冷静地说道:"始臣为间,然渠成亦秦之利也。臣为韩延数岁之命,而为秦建万世之功。"(《汉书·沟洫志》)这位水利工程师简单的几句话,既救了自己,也延续了几年母国的运数,同时也为大秦留下了一个惠泽千年的水利工程。

秦王嬴政是位远见卓识的政治家,他认为郑国说得很有道理,同时,秦国的水利工程技术还比较落后,在技术上也需要郑国,所以对他一如既往,仍然加以重用。经过十多年的努力,全渠完工,人称"郑国渠",也算是秦人对于这位智者、能者的尊重之意。

郑国渠是以泾水为水源,灌溉渭水北面农田的水利工程。《史记·河渠书》《汉书·沟洫志》都说,它的渠首工程,东起中山、西到瓠口。中山、瓠口后来分别称为仲山、谷口,都在泾县西北,隔着泾水,东西向望,它是一座有坝引水工程。从1985年到1986年,考古工作者秦建明等,对郑国渠渠首工程进行实地调查,经勘测和钻探,发现了当年拦截泾水的大坝残余,这个大坝东起距泾水东岸1800米、名叫尖嘴的高坡,西至泾水西岸100多米王里湾村南边的山头,全长2300多米。其中河床上的350米,早被洪水冲毁,已经无迹可寻,而其他残存部分仍历历可见。经测定,这些残部,底宽尚有100多米,顶宽1—20米不等,残高6米。而泾水中的一些巨大的石头便是当年郑国拦河筑坝时留下的,其中的一道土墙也是因为清理河坝的淤泥,逐年堆积而成。可以想见,当年这一工程是非常宏伟的,而能够实现如此宏伟的水利工程的郑国,绝对是一位才干非凡、令人敬仰的水利大家。

《史记》记载,十年后,250多公里的河渠最终完工,灌溉关中农田

280多万亩,它是继都江堰之后秦国的又一大型水利工程。因为郑国渠的引水,关中从此变成了肥沃的粮仓,此后才有了"自古关中大粮仓"的说法。

至此,秦人的关中、汉中和巴蜀三大粮仓全部建成。

就在郑国渠完工的这一年,秦始皇发动了统一中国的战争,煞费苦心的韩国第一个被秦国灭亡。

在统一战争中,从秦军前线部队寄到后方的两块木牍成了中国历史上已知最早的家信。

写信人是黑夫和惊两兄弟,他们的家信是从河南的淮阳前线发出的,最后他们的家信是在他们的家乡被发现的。专家们考证,他们绝不可能把信交由秦国的官邮来邮递。在当时官邮只负责传递官府文书,是不允许携带私人书信的,所以很大的一种可能是,这两封家信是由军队中服役的相邻在战争结

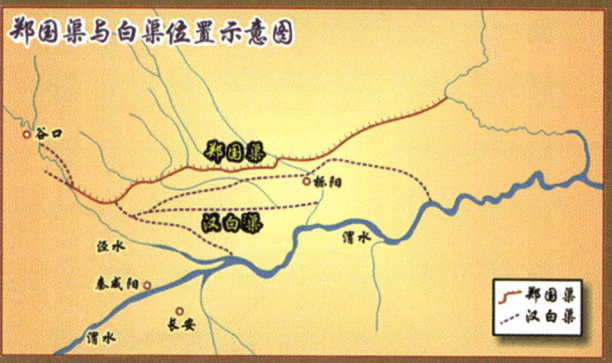

郑国渠与白渠的位置图

郑国渠三号暗洞

郑国渠渠首

束后返家时带回来的。母亲是否等到了两个儿子的来信,我们不得而知;儿子是否及时收到了母亲寄来的衣服和钱,我们也不知道。但时隔两千多年,母子之间的期盼与担忧,我们却分明是感受到了。

秦军的铠甲以皮革为主,少数用金属制成。考古人员发现,这无数个小小的甲片都是用皮条和筋条缝缀起来的。针脚有粗有细,有长有短,可以看出,这些铠甲缝制的工序和技艺十分复杂。因为铠甲直接与每一位士兵的生命有关,所以铠甲的缝制要求就十分严格。比如作为军官的铠甲,每一个甲片上就有针孔十八个,各个部位的缝缀方式又不一样。我们无法知道缝缀这样一件铠甲要多长时间,但是我们可以肯定的是,在当时完全手工操作的历史背景下,这些铠甲的缝制是多么的艰难!商鞅变法后,秦军开始"待甲百万",可以想象100多万秦军需要的铠甲数量会有多么庞大,那么又是一批什么样的人缝缀了这些铠甲?

云梦秦简上的记载表明,编缀铠甲在当时主要是妇女的任务。秦

兵马俑身着的铠甲(局部),上面还刻有战士的名字

简上还说,做衣服的女子,如果不是自由人的话,也永远不得赎身。两千多年前,这些妇女尽管远离前线,但是她们为战争付出的并不少。穿越时光,我们甚至可想象她们脸上的期盼和疲惫!事实上,就是处在社会最底层的男男女女,通过他们的双手,为秦国的百万大军构筑了一个强大而稳固的后方。根据司马迁的记载:50万秦军平定岭南时,士兵们长年远离家乡,穿的衣服开始破旧不堪,于是秦始皇批准了3万名失去了丈夫的妇女南下为秦军缝补军衣。

黑夫和惊这样的家庭的命运与这些缝补军衣的弱女子的遭遇,或许能让我们看到那个遥远的年代成千上万的秦国普通百姓的身影。他们有着和我们一样的家庭,一样的悲欢离合,但在商鞅以"耕战"为主的国策下,他们的生活只有两个内容,或在前线浴血奋战,或在后方努力生产。

可以说,每一个秦人都是秦军的一部分,秦国在以举国之力进行着一统天下的战争。

举国之战

总体战理论是现代人的发明，德国人埃里希·鲁登道夫集其毕生经验，于1935年写成《总体战》一书。他把现代战争看作是全民族的战争，把战争看作是民族存亡、国家兴衰成败的关键。每一个人都逃脱不了战争的影响，并且置身其中。战争不仅仅是政府与军队单方面的责任，战争是包括军事、民事、物质、精神等多方面的混合体。战争的胜负与一国经济实力密切相关。

根据鲁登道夫的总体战思想，总体战是消耗战、持久战。总体战的指导思想就是把尽量多的人送上战场，年满20岁的男子就要应征入伍，接受军事技能的训练，编入正规部队或后备役部队，直到规定期满之后方可退役。

在第一次世界大战中，德国实行"辅助勤务法"，把17岁到60岁的男子都作为战争的动员对象纳入总体战体制中。举国参战成为战胜敌人的有效保障。总体战在战术上强调集中兵力，重点进攻，在局部形成优势，并且要动员强大的后备役部队作为战略预备队，随时随地加入战局。

在两千多年前的春秋战国时代，类似总体战的战略早已在各诸侯国中实行了。每个诸侯国都动员全国一切资源为它们的命运做最后的一搏。秦国是如此,其他六国也是如此,人无分老幼,地无分南北,把能参与战争的一切人都推到了战争前线。因此可以说中国古代的总体战思想比现代军事学家们要早了近两千年。

传说为姜太公所著的《六韬》中也有类似的说法,认为"用兵之具,尽在于人事",把种田、养畜、纺织看作是富国强兵之道,实现寓兵于农,兵农合一就是那个时代的总体战构想。

中国古代历史上的另一位伟大军事家孙武写了一本兵法,后世称之为《孙子兵法》,在这部两千多年后仍然为人们所重视的书中讲到了战争的全方位性。他从五个方面总结举国之战的成败,即"道""天""地""将""法",就是人们常常提到的天时、地利、人和、将领才干和法令制度。他把敌我双方幅员大小、物产多少、兵员的多寡、力量对比的强弱、基于双方实际情况的胜负判断等五个要素视为一个国家进行总体战胜负的关键。

规模浩大的兵马俑就是当年战无不胜的秦军的缩影

第二章 商鞅的贡献:铸造秦军的一次变法

孙子说:"地生度,度生量,量生数,数生称,称生胜。"就是说一定的土地面积,可以出一定的物质资源,而一定的物质资源,可以出一定的军队,一定的军队就构成了实力的对比,那么实力的对比决定了战争胜负的最后归属。从这点上看,秦国对土地的贪婪就是使它成为霸主的决定因素。

为了消灭对方的实力,争霸各国是不择手段的。古代就已经有了"春秋无义战"的说法,在交战的各方中没有普通百姓与军人的区别,

小战杀人"盈城",大战杀人"盈野",每一方都以消灭对手的有生力量与战争潜力为目标。秦赵长平之战,秦军俘虏赵军40万人,尽数坑杀,一方面是消灭赵国的作战勇气,更主要的是消灭赵国有生作战力量,使赵国彻底丧失再战的能力。

战国末期,秦国尽起全国60万大军由王翦率领伐楚,楚国也尽发全国之兵,与秦军对峙。楚军的失败不是由于士兵不勇敢,更不是统兵将领无谋略,然而楚军却在这场决定自己命运的战争中非常令人不解

规模浩大的兵马俑就是当年战无不胜的秦军的缩影

地失利了。

　　从当时的历史记载中,我们发现楚军的失利,竟是由于楚军动员人数过多,造成后勤供给发生困难,军粮无法得到可靠的保证,难以支撑下去,才被迫东走,而为秦军趁机击破的。秦国的强大不仅仅是军队本身缔造的,秦国全民的总体战体制使秦军的军粮、武器等军队必需品的供给得到了与其他六国相比更为有效的保证。

　　西方著名军事家克劳塞维茨有一句名言"战争是政治以另一种手段的继续",不过在秦国那里并不适用。秦国所做的一切更像是鲁登道夫所讲的,只不过是为战争服务。从今天掌握的历史资料来看,秦国实行总体战最为彻底,在十年统一战争期间,500万人口中组成了100万的军队,在正常情况下,按照秦国的人口是不可能动员如此多的军队的。为了与六国作战的需要,秦国不断扩张军力。根据《商君书·兵守》的记载,秦国三军分别为"壮男为一军,壮女为一军,男女之老弱者为一军",实际上秦国除了招募壮年男子从军外,还大量招募了女子、老弱为兵担任运输、养马、做饭、救护等后勤补给工作,以便把尽量多的精壮男子送上前线。

第 三 章
修我甲兵：秦军的兵器与战阵

秦军是一支创造了历史的军队,可是它的真实形象一直模糊不清,始终被掩盖着一层神秘的面纱,远远地隐藏在历史的深处。

那么,历史上统一了中国的秦军究竟是一支什么样的军队?

20世纪70年代,一个干旱的春天,陕西省临潼县几个农民在打井的过程中挖出了几个"瓦神爷",至此秦始皇陵下被掩埋两千年之久的秦军终于露出了真容。他们面容各异,却都威武从容,似乎默默地在那里诉说着两千多年前的传奇。

这是司马迁的笔下也没有记载的秦人容貌,这是司马迁也不曾知晓的秦军秘密。

烽火王师——宏伟的地下军团

秦军,这支曾经最强大的军队,所向披靡、战无不胜,他们创造了中国军事史上最辉煌的篇章,然而却包藏了太多令人费解的谜团。千百年来,它只是在人们的想象中和历史的简单记载中存在,直到有一天,几个陕西农民的意外发现震惊了整个世界!

1974年初春,干旱袭击了陕西省临潼县的西扬村。焦虑的村民希望地下水能够拯救他们枯萎的庄稼。西扬村生产队队长杨培彦和副队长杨文学不得不为大家解决水源的问题。这日,两位村干部站在村柿树园一角的西崖畔上,眼望着这片只长树木、不长庄稼的荒滩,随后挥起镢头在脚下石滩上画了一个不规则的圆圈——这就是确定下来准备为村民们打井的地方,而他们不知道的是,从这个圆圈挖下去会怎样地影响这个世界。

3月份的一个黄昏,在挖井的过程中,农民们并没有看到期待的井水,但是从地下五六米深的地方却意外挖出了一个真人模样的陶土人头。发现陶俑的消息很快就传开了,考古工作者很快取代了当地的农民,就在这个打井的地方,专业的发掘开始了。小小的井口被挖成了巨大的土坑,真人一般的陶俑仍旧不断地在土层中出现。在现场的考古学家袁仲一和同事们断定,这是一个古代的陪葬坑,但谁也没有料到,他们几十天的挖掘,只是冰山一角。最终的探测结果表明这是一个空前巨大的陪葬坑,它的面积完全超过了人们的期待和想象。

陪葬坑中这些武士模样的雕塑当初都是站立的姿势,而1974年,展现在考古人员面前的,是一具具倒塌的身体。很明显,它们曾经遭受过严重的破坏。残破的头颅,断裂的手臂,在这个巨大的俑坑中到处都是。在整个考古史上,从来没有发现过数量如此之多的陶俑。

残破的兵马俑开始接受精心的修补,它们当初的面貌开始慢慢被恢复。一个、两个、三个,一个个陶俑重新站了起来。他们的大小和真人一模一样,清一色战士的装束,身着铠甲和战袍,像真实的军队一般,排列得整整齐齐,肃立在一道道隔墙之间。

陪葬坑中还挺立着几百匹战马,它们昂首嘶鸣的状态很容易使人联想到雷霆万钧的战场。在战马的边上,古代战车的痕迹清晰可辨,虽然木制的战车完全朽烂了,但车体的轮廓却保留了下来。

几十辆战车,几百匹战马、几千名战士,在20世纪70年代,排列在考古专家面前的俨然是一个完整的古代地下军团。

关于这个俑坑的存在,史书上没有任何记载,也没有任何传说透露过一丝线索。他们是谁的军队,这个陪葬坑的主人又是谁呢?

关中平原是秦汉至唐代的帝王谷,在俑坑西边的地平线上,可以看到一个巨大的土堆,那是秦帝国的创建者秦始皇的陵墓。

这样壮观的陪葬

考古工作者正为兵马俑测量

坑似乎也只能是气度非凡的始皇帝的作品。对于考古学家而言，推断最终是否成立还需要更为直接的证据。挖掘在进行，考古人员从泥土中又发现了大量的青铜兵器。仔细清理以后，兵器表面上显露出一些文字。

考古学家们在一支矛上发现了刻着的两个文字，这两个文字与今天的汉字非常相似，念作"寺工"。史书记载，寺工正是秦始皇设立的、主管兵器生产的国家机构。在一支戈上，专家们找到了更加确凿的证据，戈上右边的文字是："五年相邦吕不韦造"。吕不韦是秦始皇的丞相，他的职责之一就是负责秦国的兵器生产。

发掘出土的战马俑

兵器上面的这些纪年标志着它们准确的生产日期，比如秦始皇四年、五年、七年，还有十六年、十七年、十八年、十九年，这些都是秦始皇的纪年。毫无疑问，这些兵器都是在秦始皇时期铸造，在秦始皇死后作为陪葬品被埋入地下。站在袁仲一和他的同事面前的，竟然是那支被

第三章 修我甲兵：秦军的兵器与战阵 | 101

历史的迷雾笼罩、消失了两千多年的秦军。突然间，司马迁笔下模糊的秦军形象，一下子就变得具体、真切、清晰了起来，那分明是秦军中驰骋疆场的步兵、骑兵、车兵、弩兵等等。

兵马俑的出土给考古学家们和这个世界的震撼是无法用语言来描述的。

1975年，整个世界都把目光集中在秦始皇兵马俑身上。许多媒体都把发现兵马俑的消息登在头版。各国元首和政要纷纷来到陕西，为的是能够亲眼看见古代中国军队的面目。无一例外，他们每个人的内心都受到了强烈的震撼。

新加坡前总理李光耀得知中国发现秦俑后想一睹为快。1976年5月14日下午，李光耀如愿来到了秦俑建设工地，四十多分钟的参观结束后，李光耀激动地说："秦兵马俑的发现，是世界的奇迹，民族的骄傲。"

1978年9月，时任法国巴黎市长的希拉克在参观后留下这样的赞词："世界上曾有七大奇迹，秦俑的发现，可以说是'第八大奇迹'了，不看金字塔不算真正到过埃及，不看秦俑不算真正到过中国。"

自兵马俑对外开放以来，先后有140多位外国国家元首和政府首脑参观过兵马俑，有的还参观过不止一次，而参观兵马俑的路径甚至已成为一种外交规格和礼遇。比如外长级可从一般路线走下一段阶梯，在比较近的一个伸出的狭长平台上观看，而副总理级以上的要在这个平台上铺上红地毯，国家元首和政府首脑级的则可以走下俑坑更近距离地参观。

兵马俑被发现后，轰动了这个世界。很自然，这个消息也很快越过太平洋，登上了《美国国家地理》杂志的封面。《美国国家地理》使用了

这样的标题"中国第一个皇帝的军队:不可思议的大发现"。但是,对于秦军的认识,美国人的注意力又一次集中到了司马迁所描述的残暴和野蛮上面。

秦始皇兵马俑坑中的这些两千多年前的秦军,容貌如此威武从容、镇定祥和,他们真的是凭着残暴和野蛮才统一了中国吗?

这些俑坑中的秦军战士不但一人一个模样,他们的装束也明显不

自兵马俑对外开放以来,先后有140多位外国国家元首和政府首脑参观过兵马俑

第三章　修我甲兵:秦军的兵器与战阵

俑头细节图

同。有的士兵戴着小帽,有的士兵却仅仅梳着发髻,这种差异意味着什么呢?这些戴着板状帽子的似乎是军官,可他们究竟属于哪个级别?难道两千年前的秦军就已经有了严格的军衔制度?

观察整个俑坑,6000名将士井然有序。他们的排列方法是随意而为还是有什么含义?这些陶土战士能否揭示古代中国谜一样的阵法和战法?一连串的问题都没有答案。

继第一个俑坑之后,考古人员又发现了一个巨大的陪葬坑,在二号坑还没有正式挖掘的时候,研究人员制作了由上千张照片拼凑而成的俯视图,通过电脑模拟,可以看到地下的壮观景象。专家们发现,坑的东北角是弩兵。弩是古代战场上最为精准的武器。长平之战,赵军统帅就是被秦弩兵所杀。秦弩兵的威力能从这儿得到揭示吗?

坑的南边是一支独立的战车部队,这是一个从不为人所知的兵种,长平战场上秦军神秘的轻兵会不会就是这些车兵呢?紧挨着车兵的是骑兵,他们四骑一组,井然有序。这就是司马迁笔下,劫断赵军粮道的秦骑兵吗?

这些秦军战士的动作表明,他们曾紧握着各自的兵器。由于年代久远,兵器的木制部分已经腐烂,金属部分却完好地保存到了今天。兵马俑坑总共出土了4万多件兵器,但是这些兵器基本上都是青铜器铸造。这个现象令考古学家们疑惑不解。

根据史书上的记载和一些考古资料来看,战国晚期的时候,铁兵器已经出现了,但是兵马俑坑发现的却都是青铜兵器。于是有些历史学家提出了一种观点,那就是认为秦军装备的是落后的兵器。

根据常识,铁兵器的杀伤力要远远大于青铜兵器,装备着落后的青铜兵器的秦军怎么可能战无不胜呢?

在人类历史上,落后文明征服先进文明并不罕见。秦军,这支曾经创造了历史的军队,难道真的是装备落后,仅仅靠残暴和野蛮统一了中国吗?或者,秦军的青铜兵器在那个时代真的落后吗?

锋芒所向——青铜秦剑的魅力

先秦时代是中国青铜器的鼎盛时代。在更早以前,在公元前两千年前的仰韶文化时期,中国就已经开始出现铜的冶炼。

在陕西西安半坡遗址和临潼姜寨遗址都有铜的使用痕迹。在中国历史传说中的早期,就有黄帝战蚩尤的故事,黄帝之所以被蚩尤打得"九战九败",就是因为蚩尤的军队"铜头铁额",装备了最早的青铜武器。

根据考古学家们的推断,姜寨遗址出土的黄铜片及黄铜圆环为世界上最古老的冶炼黄铜,这标志着人类初步掌握了金属冶炼技术,为青铜时代的到来打下了基础,从此人类历史进入"金石并用时代",并很快进入了青铜时代。

考古学家根据河南偃师二里头夏代文化遗迹的发掘,发现夏代青铜器的铸造技术已达到了相当高的水平。在二里头发现的乳钉纹平底爵,是采用铜、锡、铅三种元素的合金制造的青铜器,只有约0.1厘米厚,在那个时代还没有发现比它更精美的青铜器。乳钉纹平底爵也是我国目前所发现的最早的青铜器。

商、周时代,中原地区青铜的冶炼得到了更大的发展,已经达到了

青铜镈钟

青铜甬钟

非常高的水准。司母戊大方鼎连耳高137厘米,重达875公斤。商、周时期的铜器主要是青铜器,青铜是红铜、锡和铅的合金,熔点在700—900℃之间,比铁耐磨且容易铸造,化学性质也比较稳定。当时人们使用不同的铜锡配比,来制造种类繁多的铜器。据《周礼·考工记》记载,铜有六种不同的配比,分别对应六种不同的用途:

六分其金而锡居一,谓之钟鼎之齐;

五分其金而锡居一,谓之斧斤之齐;

四分其金而锡居一,谓之戈戟之齐;

三分其金而锡居一,谓之大刃之齐;

五分其金而锡居二,谓之削杀矢之齐;

金锡半,谓之鉴燧之齐。

锡含量的多寡,决定了青铜制品的硬度和强度,锡越多青铜制品就越硬,但也变得更脆。难能可贵的是这六种不同的配比即使在今天看来也是非常科学的。

青铜兵器的生产与制作在睿智的工匠手中逐渐达到了顶峰。1965年在湖北楚墓中出土的越王勾践剑,上有"越王勾践自作用剑"八个鸟篆铭文,剑身用菱形花纹装饰,剑格处则镶嵌有蓝色琉璃和绿松石。虽然埋藏在地下两千多年,但越王勾践剑仍然光彩夺目,锋利无比,一剑割去,十余层纸瞬间即裂。在商周时代,青铜得到了广泛的应用,其制造技术也达到了前所未有的高度。

相比而言,当时铁的应用则狭窄得多了。当时的人显然已经意识到铁比铜锋利,只是没有寻找到更好的制铁方法。纯铁在自然界中是无法存在的,因为铁极易氧化,只有铁镍合金才不易腐朽,而在陨铁中则含有镍,这使人类利用陨铁成为可能。

三千五百年前,古埃及人可能就已经学会了利用陨铁。2013年,

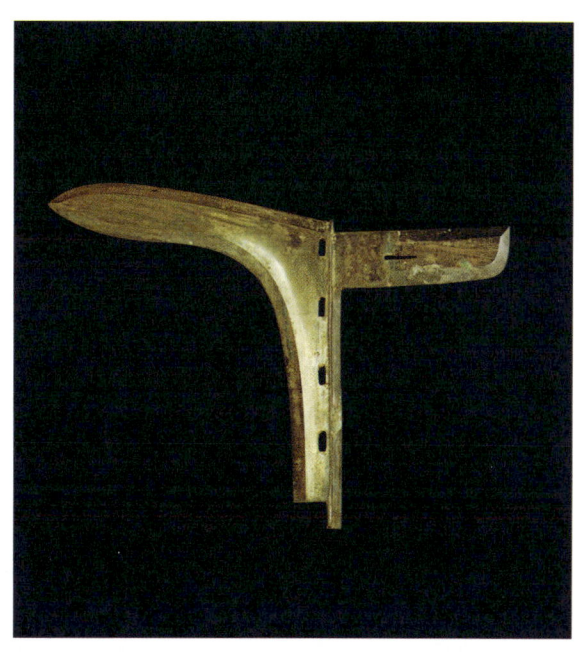

秦青铜戈

一家外国媒体报道英国科学家经研究证实,1911年发现的古埃及项链采用了一种不可思议的材料——拥有五千年历史的陨石。研究指出,古埃及人将陨石捶打成片状,而后将陨石片滚成管状,最后再制成项链的珠子。这大概是人类历史上最早利用陨石铁的证据。

中国人也很早就学会使用陨铁,在1972年10月河北藁城台西村商代遗址发现一件铁刃铜钺。据科学家考证,这件铜钺大约在公元前14世纪前制成,其成分即是由陨铁构成。但是自然形成的陨铁数量实在太少,使铁的应用无法普遍。

在历史发展的过程中,人类在探索中慢慢学会了铁的冶炼技术。铁矿石在1000℃左右被还原变软,沉在冶炼炉底,得到的就是熟铁。铁块比较柔软,类似海绵样,含有许多杂质,必须要经过锻打才行。这种"海绵铁"产量很低,而且得到的铁器还不够坚固。古代波斯的铁兵器就是被如此打造出来的。

秦青铜矛

第三章 修我甲兵:秦军的兵器与战阵 | 109

将军俑，该俑为军阵中的高级指挥官，双手在腹前叠压做拄剑状，其所拄的便是青铜剑

中国人的智慧在制铁方面也得到了充分的发挥,发明了皮囊鼓风技术,使铁的冶炼温度提高了200℃,得到了杂质更少的液态铁水,冷却后就是生铁。这种使用了高温液体还原法的技术,极大地提高了铁的质量和产量。生铁硬度比熟铁高,但比较脆,不适于展接和锻接,而适于用铸范,可以浇铸成各种铁器。

中国的先民们的冶铁遗迹大量存在,在河南省的西平县,考古学家们发现了大量古人炼铁的遗迹。两千多年前,这一带是韩国的冶铁中心。在山东齐国都城临淄,仅冶铁的遗址就有四处之多,最大一处达到40多万平方公里。当时的铁器生产已经有了相当规模,但是生产出来的铁主要用来浇铸农具、工具、食器,而无法作为武器。因为铸铁过于脆弱,一经碰撞就会折断。制作兵器只有通过柔化、锻造、淬火等技术对生铁进行处理,才会使生铁铸件变得更有韧性。

这些技术进一步促进了春秋战国时代兵器工业的发展,其中发明鼓风竖炉、高温液体还原法的技术比欧洲早一千八百年。春秋晚期又发明了渗碳钢技术,通过使用木炭反复加热铁块的方法,使铁的表面渗碳,然后锻造成渗碳钢片,最后再加工成各种兵器,铁、钢兵器已经开始展现它的魅力。

其中在河北易县出土的燕国铁剑,锋刃部分已经达到了今天高碳钢的硬度。春秋战国的几百年间,青铜正在慢慢退出历史,铁正在开启一个新的时代。

令人费解的是,处于同一时期的秦人,似乎没有跟上时代。兵马俑坑中出土的4万多件兵器,几乎全由青铜铸成。难道用武力统一了中国的秦军是一支装备落后的军队吗?

司马迁在《史记》中记录了一次著名的谋杀事件。在秦统一中国的前一年,强悍的秦军正准备消灭燕国的时候,一个叫荆轲的使者带着燕国的地图来到秦国。这是一场精心策划的阴谋,献图投降是假,刺杀秦始皇是荆轲真正的目的。

《史记》上这样描述：刺客荆轲手持匕首，抓住嬴政的衣袖，奋力一刺。嬴政大惊，从王座上跳起，衣袖挣断，匕首刺空。嬴政乘机抽身跳起，绕柱奔逃，并企图拔剑还击，然而，三次拔剑而剑竟然不出。

司马迁解释说，秦始皇的佩剑太长了，所以不能及时拔出来。

青铜剑一般都是短剑，它无法做长的原因是青铜材料容易折断。春秋战国时期，最负盛名的越王勾践剑，全长不过55.6厘米。青铜剑普遍宽而短，60厘米似乎是青铜剑的极限。这种长度的佩剑随手就可以抽出，可秦王拔剑为何如此之难呢？对于司马迁的这个解释，历史学家一直很困惑。

1974年，考古人员发现了一把完全不同的青铜剑。令专家吃惊的是，这把剑的长度竟然超过了91厘米。秦人竟然能够制造如此之长的青铜剑？

可以推测，当年秦始皇佩带的很可能就是这种加长的青铜剑。在刺客紧逼的奔跑当中，要拔出将近一米的长剑，确实不容易。司马迁记载：在一个宫廷医生的提醒下，秦始皇握住晃动不已的剑鞘，最终才拔出了佩剑。

嬴政在13岁就继承王位，九年后正式亲政，随身佩剑是亲政的一个重要标志。据说，他曾经让人为他打造了两柄青铜剑，并在剑上刻了两个字"定秦"。一柄随身佩带，一柄埋在观台下。嬴政死后随身佩剑很有可能与主人一同入葬。今天，在秦始皇帝陵巨大的封土下面，它究竟何日能够面世，却是谁也无法回答的问题。时间过去了两千多年，那柄曾经埋在观台下的青铜剑至今也没有丝毫的踪迹。岁月流逝，秦王剑留下了难以破解的谜团。

让专家们困惑的还有一个问题：秦人将剑加长的目的究竟是什么呢？

19世纪英国古兵器学者理查·伯顿认为，在短兵器格斗中，刺要比砍更有优势，因为它更逼近对手。古罗马军团在血战中总结出一条

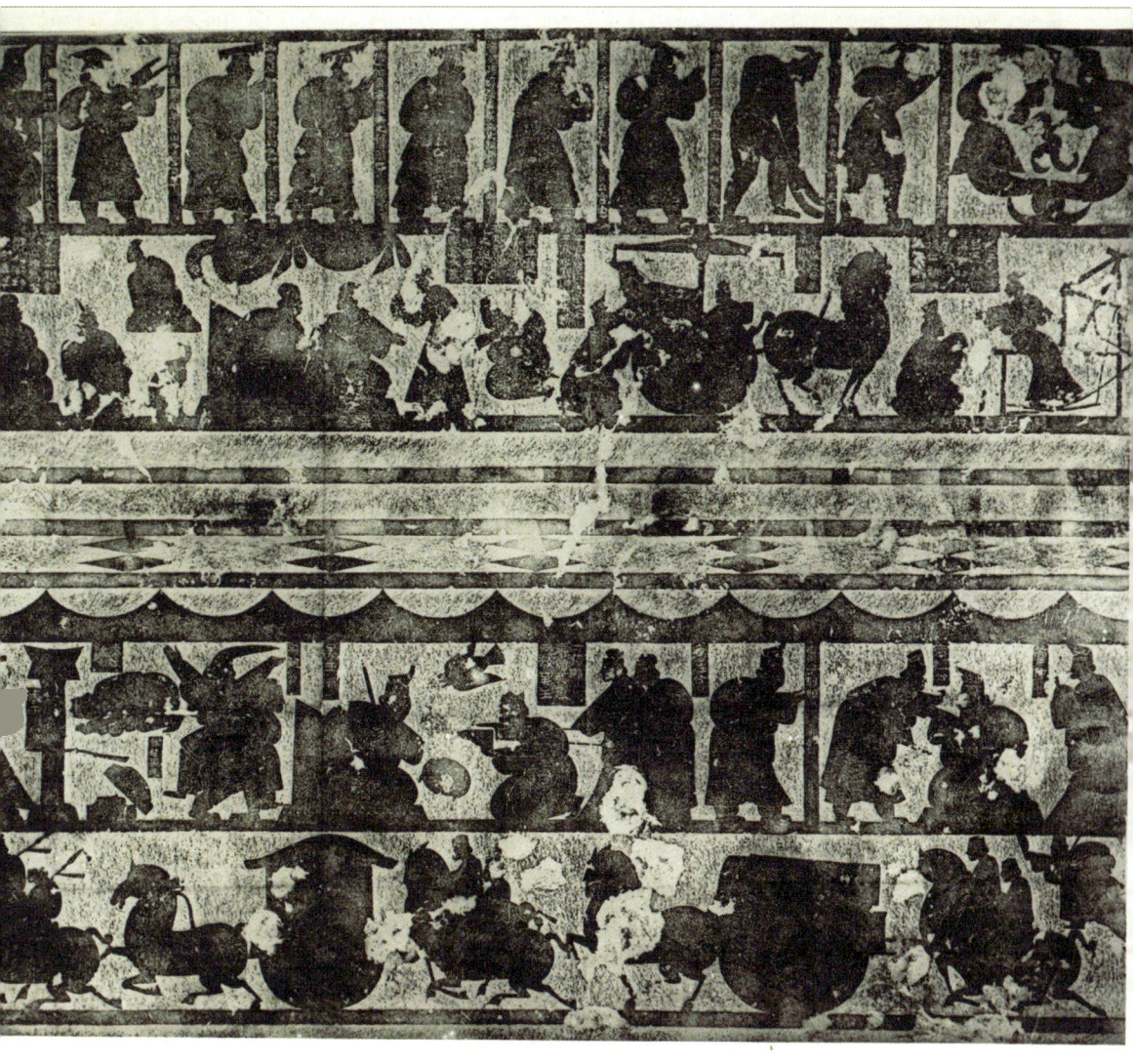

汉代武氏祠石刻画像，第一排为三皇五帝，第二、三排为历史典故，第三排左一图为荆轲刺秦王

规律：以相同的力量，刺比砍更致命，刺死砍伤。

比对手的剑长出大约 30 厘米的秦剑，在格斗中显然更容易刺到对方，这很可能是秦剑加长的主要原因。但是，这毕竟是青铜剑，秦人用什么方法让长剑不易折断呢？

在青铜时代，铸剑的关键是在冶炼时，向铜里加入多少锡。锡少了，剑太软；锡多了，剑硬，但容易折断。

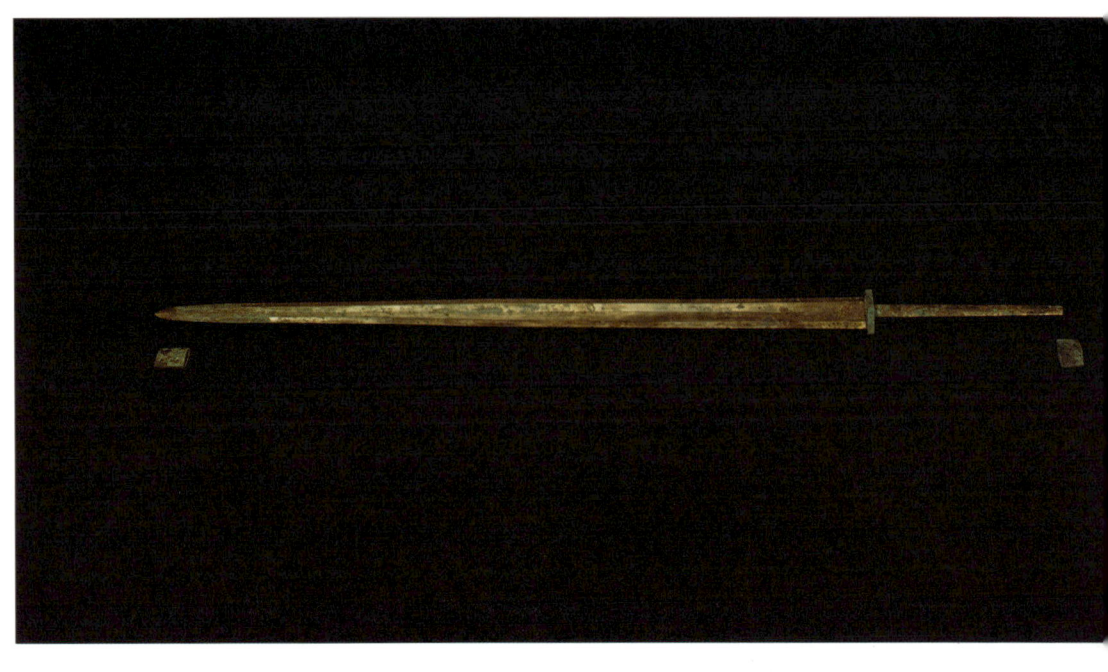

秦青铜剑

  不仅仅在中国大部分地区,即使在世界上其他各个地方出土的青铜剑,在形制上也都很像,只有秦人的青铜剑独一无二。学术界对秦剑性能的研究事实上并不彻底,最好的方法是将秦剑和一定标准的铁剑进行对抗试验。当然,这种方法在现实中很难行得通,因为这些青铜剑现在都属于国家一级文物。

  对出土的秦剑做的化学定量分析显示:它的铜锡配比让青铜剑的硬度和韧性结合得恰到好处。根据实践经验,含锡量若接近20%则最为坚韧。通过现代手段鉴定,这把两千多年前的秦剑含锡量约为21%,其准确度达到了惊人的水平。

  但秦剑更让人着迷的地方,是它的外形。根据穿刺的实战要求,从剑柄到剑锋,秦剑的制造在形制上变化极其复杂。剑身近格处5厘米的一段,比其他地方宽而且厚,这种设计是为了增强剑身的坚固;由格到锋,兰叶形的剑身逐渐变窄,两锋之间呈顶角,是锐角的等腰三角形;紧接着是内凹的一个束腰,束腰之后又逐渐加宽。束腰对两刃八面的剑体十分关键,可以起到风槽的作用,从而增强穿刺的速度与力量。同时,剑身宽的地方厚度减薄,剑身收束的地方厚度加大,宽同厚呈有规律的反方向变化。今天看来,复杂多变的剑形完全符合力学的原理。

考古学家袁仲一教授仔细地研究了秦剑这种奇特的形制变化。他发现秦剑的造型是阶段性的,宽窄是由宽、窄、宽、窄、宽、束腰,前面是剑尖儿,厚薄是由厚、薄、加厚、薄,到剑尖儿,它呈阶段性递减。

这种设计使秦剑的受力部分得到加强,而又保持了一定的弹性,同时剑身又不会过于沉重。或许,秦剑加长暗示着秦军对格斗技巧的认识有了某种重大的突破。由于剑身厚薄宽窄的不一样,通过阶段性的变化,剑刺过去以后就有了一定的弹性,不容易折断。

秦剑是青铜剑铸造工艺的顶峰,它的长度、硬度和韧性达到了几乎完美的结合,攻击性能也因此大大增加。司马迁记载:秦始皇只一击就使荆轲倒地不起,燕国也随后灭亡。

缤纷青铜——秦军兵器的种类

两千多年前,在消灭了中原六国之后,北方的游牧民族匈奴人就成了秦军主要的对手。在秦军进行统一战争的时候,匈奴骑兵乘机南下,侵占了黄河以南大面积的土地。在帝国的都城咸阳,如何对付剽悍的匈奴骑兵的问题就摆到了秦始皇面前。

作为游牧民族,骑射一直是匈奴人的特长,特别是当匈奴骑手高速冲锋的时候,中原传统的步兵武器很难抵挡。从历史记录来看,一种叫弩的远射兵器,很可能在秦军击溃匈奴的战斗中发挥了主导作用。

根据《史记》记载,公元前210年,秦始皇嬴政最后出巡东方,曾经亲自在东海上射杀巨鱼。根据学者们的推断,巨鱼可能就是一种鲸鱼。司马迁记载:在这场猎杀中,秦始皇和他的卫队使用了一种叫连弩的兵器。连弩究竟是一种什么样的东西?如果能够致鲸鱼于死地的话,这种武器的杀伤力必然令人心惊!据说,秦始皇陵墓墓道门上装有能自动发射的暗弩,暗弩又是一种什么样的武器?

弩是由弓发展而来的一种远射武器,跟现在的步枪有许多类似的地方。由于增加了发射用的机栝,因而可以从容瞄准、待机而发。除了像弓一样可以使用臂力以外,还可以利用脚力或者机械力,弩的威力因此大大增加。

秦弩（局部）

　　弩的起源很早，最初用于狩猎。作战用弩，可能在春秋后期最先出现于楚国。《吴越春秋》记载陈音对越王勾践说"弩生于弓"，可以证明弩就是由弓进一步发展而成的一种远距离射击兵器；又说弩是楚国琴氏所创造，传给楚的三侯，再传到楚灵王。有学者认为，弩不可能创造得这样早，但是到春秋晚期，南方楚、吴、越等国确实已经使用了。孙武的《孙子兵法·作战篇》，谈到当时的兵器，就有"甲胄、矢弩"；又讲道：善于指挥作战的，所造成的"势"是"险"的，所发出的"节（节奏）"是"短"的，"势如扩弩，节如发机"（《势篇》），就是说"险"的"势"好比已经张满的弩那样，"短"的"节"好比正在发射的弩机那样。

　　战国时期，楚国面积广阔，国力强盛，楚军是秦军最主要的敌手之一。在楚人的旧地，考古人员发现了不少战国末年楚国的弩。可是，秦军的弩在哪里呢？

　　秦始皇陵兵马俑的发现，让我们看到了秦军消失了两千多年的武器，其中就包括弩。

　　在秦始皇兵马俑坑中，沉睡了两千多年的秦弩终于又出现在了阳光下，我们可以看到和楚国的弩相比，秦弩的弩弓和弩臂加大了许多，

> 望山是古代弩机上的简易瞄准器。战国弩机的望山尚无刻度，西汉时出现了带刻度的望山。战国时期的弩机都是青铜制造的。这是一种转轴连动式的装置，包括望山、牙、悬刀、钩心和键等部分。张弦装箭时，手拉望山，牙上升，钩心被带起，它的下齿卡住悬刀刻口，这就可以用牙扣住弓弦，将箭置于弩臂上的矢道内，使箭尾抵于两牙之间的弦上，然后通过望山瞄准目标，往后扳动悬刀，钩心脱离悬刀刻口，牙下缩，箭即随弦的回弹而射出。

大大地提高了射程，射伤力也因而更强。瞄准用的望山也增高了，从而提高了远距离射击的准确性。在兵马俑坑中，我们发现有一种劲弩竟然在弩臂上重叠了一根木条，还夹有青铜饰件，显然这些装置都是为了增强弩臂的承受强度，使弩的射程更远。《史记》上说，战国时期，韩国以弩而著称，韩弩的射程超过了800米，而俑坑中出土的秦弩与之相比毫不逊色。

由于秦弩在兵马俑坑时间太过久远，弩的木制部分已经朽烂，但完整的遗迹仍然可以复原当初的秦弩。令人震惊的是，据此复原的秦弩，有着惊人的力量。

与弓不同，秦弩必须用脚蹬，借助全身的力量才能上弦。专家估计，这种秦弩的射程应该能够达到300米，有效杀伤距离在150米之内。秦弩的杀伤力远远高于当时任何一种弓，极限可能在900—1000米之间，而现代步枪的射程则是1500米。青铜剑在战场上主要用于防身和近距离格斗，而战国至秦帝国期间，远射程兵器在战争中发挥的作用则更大，是当时的主导兵器之一。

在弩腐烂后留下的痕迹中，考古人员发现了青铜制作的小机械。这些小小的青铜构件就是弩用来发射的扳机。它的设计非常精巧。令人不解的是，秦人为什么不把它做得更简单一些呢？

假设一种最简单的方案，制造成本可以大大降低，但是射手完全靠手指的力量把勒得很紧的弓弦推出钩牙，这就要用很大的力气，在

在长达几千年的冷兵器时代,弩是战场上的霸主

击发瞬间,弩肯定会抖动。考察今天的射击训练,可以发现击发瞬间连呼吸调整不好都可能影响射击的准确性。

秦军的弩机通过一套灵巧的机械传递,让钩牙在放箭的瞬间突然下沉,扣动扳机变得异常轻巧。这恰恰是弩对弓的优势之一。拉弓要用很大的力气,时间越长,越难控制瞄准的稳定性和准确性。

弩机上的望山,在上弦时可以自动地把扳机重新调整到击发的位置。但它还有另外一个不可思议的功能。

可以推想,在与匈奴骑兵厮杀的战场上,秦军弩兵在用弩机进行反击。当瞄准远处的目标时,射手参照望山估算弩抬高的角度,弩箭沿抛物线轨迹就可以准确命中敌人。望山很可能是步兵武器最原始的瞄准系统。

重装跪射俑

轻装立射俑

在冷兵器时代,弩可以说是最为先进的武器。一直到了近代,随着枪炮的出现,弩才逐渐退出了战争的舞台。两千多年前,秦人就已经大量地用弩来装备正规军了。而一直到15世纪,欧洲的战场都没有出现过弩这种武器,射程最远的大弓也只能射到200米外。史书记载,北宋的床子弩射程可达1500米,如果属实的话,就已经达到了现在步枪的射程了。

而三国的时候,蜀国的诸葛亮发明的戎弩一次可以射出十支箭,而嬴政射杀鲸鱼的弩应该也是可以连发的。究竟秦弩一次可以连发几支,今天我们不得而知,不过毫无疑问,强弓劲弩在中国古代的战争史上肯定扮演了极其重要的角色。

> 秦军弩兵分为轻装、重装两种,动作也有跪射和立射之分。轻装和重装的弩兵在战术上有什么不同,并没有确切的答案,一种可能的推测是:进攻时使用轻装,便于奔跑;防守时使用重装便于保护自己。

在秦兵马俑坑中,考古学家们在一号俑坑挖掘整理出铜弩机158件,无郭,素面。出土时有的箭仍在弩的残臂上,大多数仅见弩机不见弩臂。铜弩机由望山、悬刀、牙、栓塞等部件组成。机件大小基本相同,只有悬刀的形制和大小略有差异。弩机作为安装于弩臂后端的机械装置,有瞄准与发射双重功用。

在兵马俑坑中出土最多的青铜兵器或者构件则是秦军的箭头,由于在坑中没有发现弓,考古学家们认为那些箭应该是为弩配备的箭。

战国时代,各国箭头的种类繁多,这些箭头的倒刺和血槽让人感到阵阵杀气,而令人震惊的是,在兵马俑坑中发现的秦军箭头,则几乎都是三棱形的。秦军为什么单单选择了这种三棱的箭头?

在一号俑坑,经过考古学家们的整理,共出土有铜箭镞4万余件,除2件铁镞、4件铁铤铜镞外,其余均为铜铤铜镞。铜镞是配合远射程兵器弓弩使用的。铜镞可分为大小两种类型。首呈三棱形,刃首的断面

弩箭

呈三角形,底有九边关。镞通长 9.1—19.1 厘米,其中首长 2.6—2.8 厘米,关长 0.4—0.6 厘米,铤长 15—16 厘米。镞首与铤接铸一起,铤上缠有麻丝插入苛内。三个棱脊的长度几乎完全相等,显示了工艺的精确和水平的高超。考察秦军的三棱箭头,发现这个箭头的三个棱角极为锋利,在击中目标的瞬间,棱的锋刃就会形成强大的切割力,足以让箭头穿透铠甲,直刺人体。

戴翼箭头则有凶狠的倒刺,但翼面易受到风的影响,使箭头偏离射击目标。而秦军的三棱弩弓箭头则取消了翼面,使射击更加精准。专家对这些箭头进行了仔细的分析,当检测数据最终摆到桌面上的时候,研究人员感到难以置信。

研究人员的现代检测结果发现:秦人箭头的三个弧面几乎完全相

同，这是一种接近完美的流线型箭头。这种箭头的轮廓线跟子弹的外形几乎一样，子弹的外形就是为了减低飞行过程中的空气阻力。我们有理由推测，秦人设计的这种三棱形箭头也是出于同样的目的。

弩箭（局部）

可以说，秦人创造的这种古老的箭头在原理上和今天的子弹一脉相承。

专家们做过风洞试验，看箭怎么飞行，像秦人这样的三棱箭头在飞出去以后，上下左右承受的气流都是相等的，所以能保证这支箭最准确地沿着预定的轨迹前进。

秦人凭着自己的探索，在箭头的制作上接近了现代空气动力学的成果。秦人的箭头是早期飞行器中的范本，它和今天的子弹几乎一脉相承。考古人员还发现了一些特大型号的铜镞，每只重量达100克，比其他的铜镞长一倍有余。迄今为止，这是中国古代兵器史上发现的最大的铜镞。强弩配以精良硕大的铜镞，无与伦比的杀伤力足以令人胆战心惊。

秦弩，连同配备的弩箭，在那个冷兵器时代很可能是技术含量最高的武器。秦人在铜镞制造方面确实达到了炉火纯青的地步，它使秦军的攻击在那个时代具有了最大的杀伤性。

公元前214年，秦军发动了针对匈奴骑兵的全面战争。仅仅一年的时间，30万匈奴骑兵就被彻底击溃，黄河以南的大片土地重新回归秦国。

汉代画像砖拓片"四骑吏"　　　　　　　汉代画像砖拓片"习射"

秦军之所有能够取胜，弩的作用至关重要。可以设想，在匈奴骑兵还没冲到跟前时，强劲的秦弩就密集准确地击中战马和骑手。持弩的秦骑兵射击的准确程度是匈奴人的弓无法相比的，匈奴人的皮甲也抵挡不住弩箭强大的穿透力。

对马背上的匈奴骑手而言，弩是最致命的武器。中国兵书经典《武经讲义》中说：弩是对付古代游牧部落袭击最为有效的武器。青铜弩机的设计是一个惊人的成就，对于匈奴人而言，这种机械装置太复杂了，他们很难装配或仿制。

考古学家们还从兵马俑遗址中发现了秦国其他种类的兵器，比如戈、矛、戟、铍等兵器，与秦弩、秦剑共同组成了一个完美的青铜武器库。然而根据专家考证，战国时期除了秦国以外的其他六个强国，也同样以青铜兵器为主。

根据《史记·秦始皇本纪》的记载，秦灭六国之后，担心六国的残余势力重新发动反秦战争，就把天下的兵器都收集到了都城咸阳，并将这些兵器铸成了十二个"金人"（也就是铜人）。《史记》中的这个记载可以证明战国时期青铜兵器的应用还是具有普遍性的。如"战国七雄"之一的楚国,兵器数量巨大,种类繁多,也是以青铜兵器为主。

从兵器的质料上来讲,楚国的兵器可分为铁、铜、木、竹、皮等制品。铁质兵器主要有剑、戈、矛、匕首、镞等;铜兵器主要有剑、戈、戟、矛、匕首、镞、弩机等;木兵器有盾、甲、弓等;竹兵器有弓、箭杆等;皮兵器有甲、胄等。

在楚国故都纪南城四周三四十公里范围内,分布着数以千计的楚国墓葬。1975年开始,先后抢救性地发掘了554座,并发现了大量珍贵的战国时期的文物,其中兵器的数量最引人瞩目,有各种兵器571件,计青铜器172件、铜戈150件、铜戟7件、青铜矛15件、竹弓25张、木盾17件,另外也有数量众多的箭镞。

楚国青铜剑的制造久负盛名,在楚国灭掉越国之后,越国的名剑及干将、莫邪等铸剑名师被尽收于楚国,从此楚国的铸剑工艺迅速提高,位列七国前列。

然而,考古学家发现秦国青铜兵器与六国兵器相比,更具有整齐划一的特点,同类的兵器大小、形状几乎完全相同。那么,战无不胜的秦军将士们手中所持的兵器究竟是如何制造出来的呢?

长兵器组合

第三章 修我甲兵:秦军的兵器与战阵 | 125

标准化——超越时代的兵器工业

经过考古学家们的发掘整理,最后发现,在兵马俑的三座坑中,目前出土了数万件兵器,其中以青铜镞居多。出土的青铜兵器大体可分为三类:第一类是短兵器,有剑、金钩(吴钩);第二类是长柄兵器,有矛、戈、戟、钺、殳、铍等;第三类是远射程兵器,有弓、弩。这些兵器都是铸造成形,但在形制上有很大创新,表现了青铜武器的高度发展。

当专家们对这些秦军兵器的研究逐步深入时,他们又有了新的令人震惊的发现。

铍是一种起源于短剑的长柄兵器,它的形式曾经五花八门,但是,在俑坑中发现的铍,尽管生产日期相隔十几年,造型和尺寸却完全一致。俑坑中的戈也不是同年生产的,但它们也是一模一样。

湖北鄂州是楚国的旧地,考古人员在这里发现了一把秦剑。细长的秦剑和当年楚国的青铜剑完全不同,但是,它的造型跟陕西兵马俑坑中的秦剑却完全相同。

在兵马俑坑中发现的三棱箭头有4万多支,但它们都制作得极其规整,箭头底边宽度的平均误差只有正负0.83毫米。对这些青铜箭头的三个面做放大投影,放大20倍,轮廓误差不大于0.15毫米,放大投影同现在的步枪子弹惊人地相似！可以想象，这样的箭飞行平稳、速度快，而命中率又极高。

北京理工大学的冶金专家对秦军箭头做了金相分析，结果发现它们的金属配比基本相同，数以万计的箭头竟然是按照相同的技术标准铸造出来的。这就是说，不论是在北方草原，还是在南方丛林的各个战场，秦军射向对手的所有箭头，都具有同样的作战质量。难道地处秦国各地的兵器作坊都在有意识地，甚至是强制性地按照某个固定的技术标准生产兵器吗？如果真是这样的话，秦人就远远地超越了自己的时代。

标准化是现代工业的基础。标准化生产使不同的供应商生产的零部件可以组装在一起，也使大规模的生产成为可能。在两千多年前农业文明刚刚开始成熟的时代，假如秦人真的有过标准化的兵器生产，他们的目的又是什么呢？

秦军使用的弩机，由于制作得十分标准，它的部件应该是可以互换的。在战场上，秦军士兵可以把损坏的弩机中仍旧完好的部件重新拼装使用。秦军的其他兵器虽然也可以互换，但对于大多数古代兵器来说，互换性要求的精确度并不很高。专家推测，秦人的标准化应该还

秦青铜铍

有更重要的目的。

兵马俑坑中发现的各种兵器,在战场上应该有优异的表现,很可能是秦军从几百年的战争实践中优选出来的。专家推测,秦人很可能将优选兵器的技术标准固定,国家再通过法令将这些技术标准发放到所有的兵工厂。

尽管按今天的工业标准看,这些兵器的标准化仍旧是比较粗糙的和初步的,但是,在两千多年前,秦人执着于统一标准,肯定是为了保证所有秦军战士使用的都是当时最优秀的兵器。

秦军的兵器制作得相当精致。在青铜剑上有三条90多厘米长的棱线,将细长的剑身分成八个面,手工要完成这样的表面加工有很大的难度。戈的圆弧部分加工得十分规整,箭头上三个流线型的表面也完全对称。

让专家迷惑的是,某些天才的工匠制造出几件这样的兵

铜镦装在长兵器木柄的后部,以便士兵操持兵器。

秦青铜镦

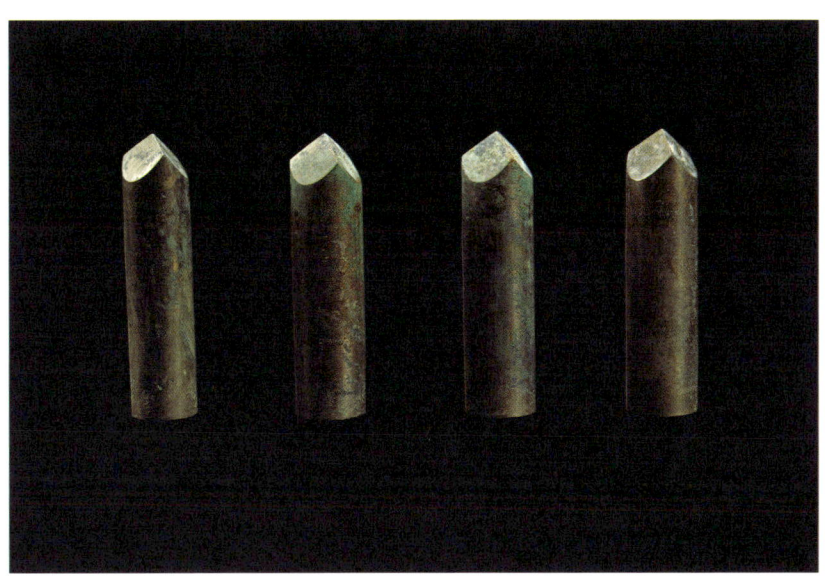

秦青铜殳

器是可能的,但实际情况是,兵马俑坑中几万件兵器几乎都具有相同的质量。

根据司马迁的记载,秦军的数量超过了 100 万。不仅如此,这支军队高度专业化,装备极其复杂的武器系统。在差不多同一时期的欧洲,亚历山大的军队是 5 万人左右,最为强盛时的罗马军团也不过几十万人。

为一支 100 万人的军队提供兵器,是一个可怕的任务,在十年统一战争的岁月里,秦国的兵器作坊肯定是全世界最繁忙的地方,他们必须开足马力,夜以继日。问题在于,怎样才能既保证标准,又大批量生产呢?

仔细观察戈的圆弧处,打磨的痕迹还清晰可见。手工打磨,会有交错的磨痕,那是锉刀往返摩擦造成的。奇怪的是,这些磨痕没有交错的痕迹。专家推测,秦军青铜兵器的表面加工很可能是用砂轮实现的。两千多年前是否有砂轮还有待考古证据,即便是用砂轮,靠手的感觉来进行这些弧形表面的加工,要让成千上万件兵器达到同一个标准也是不可能的。

考古学界很多人有这样一种认识,认为在秦汉时代,已经有某种简单的加工机械。

或许,机械的使用使秦人能够在保证质量的前提下,进行大批量的生产。然而,目前我们依然没有发现考古证据,对研究人员来说,秦人的兵工厂仍旧是谜一般的地方,隐藏在历史的深处。专家们又尝试从另一条线索来接近这个被历史尘封的秘密。

在兵马俑坑中的兵器上面,刻着一些文字。这些文字和今天的汉字很相像。研究人员发现,它们大多是人名,其中出现次数最多的一个人是"相邦吕不韦"。

《吕氏春秋》是秦国最重要的一部历史文献,它的编撰者就是吕不韦。吕不韦是当时秦国的丞相,相当于今天的国务院总理。《吕氏春秋》上说"物勒工名",意思是,器物的制造者要把自己的名字刻在上面。

对于历史学家来说,这些看似普通的文字透露的是秦国军事工业的管理机密。吕不韦作为丞相,是兵器生产的最高监管人。他的下面是工师,就是各兵工厂的厂长,监制这些戈的厂长叫"詟(zhé)",在厂长的

兵马俑出土文物上的字

下边是丞,类似于车间主任,比如有位负责制造戈的主任的名字叫"义",而亲手制作那只戈的工匠,则叫"成"。

专家由此推断:秦国的军工管理制度分为四级。从相邦、工师、丞到一个个工匠,层层负责,任何一个质量问题都可以通过兵器上刻的名字查到责任人。虽然,我们也许永远也无法知道秦军兵器生产管理的细节,但秦国的法律对失职者的惩罚是非常严酷的,这就是物勒工名的用意。

秦律规定新工匠刚开始工作时,第一年要求达到规定产量的一半,第二年的产量就要达到与成熟工匠相当的水平。工师负有教导的责任,新工匠如果能提前学成的,将获得奖赏,而没有能够如期学成的,要记下名字而上报给内史,听候处罚。

为了加强质量管理,秦人发明了实名制。在工匠制造的每件产品上面都要刻上他的名字,"以考其诚",看你做得质量的好坏;"如有不当",做得不好的话,"以兴其罪,以究其情",还要惩罚,要追查你为什么做得不好。

检查时产品如果被评为下等,不仅工匠将被问罪,而且工师、丞等管理人员也都要受到处罚。秦军兵器生产的严格和严谨程度由此可见一斑。

秦军兵器生产方面的这种管理模式事实上是秦中央集权政治制度的一个缩影。它也将这种集权思想灌输给成长之中的秦王嬴政。出现在兵器上的吕不韦的名字,历史跨度将近十年之久。在嬴政带剑亲政的那年前后,吕不韦的名字消失了。从此,相邦的名字到嬴政死前再也没有出现在兵器的刻字上。公元前239年,在为相十年后,权倾一时的吕不韦最终被赐自杀,从此,秦王嬴政将中央集权的制度发挥到了极致。

事实上,杀害吕不韦的真正凶手就是吕不韦自己。因为迷恋权力,吕不韦造就了嬴政;也因为迷恋权力,嬴政杀了吕不韦。

透过考古学家们发现的这些冰冷的青铜铭文,我们或许还能看到那个遥远年代中一些普通人的命运。

一个叫詟的人做了好多年兵工厂的厂长,詟每天都要检查兵器生产,他得向丞相吕不韦负责。如果兵器质量有问题,按照秦国的法律,厂长首先遭受处罚。为了自己和一家老小,他必须尽职尽责。

处在这个金字塔式的管理体系最底层的,是数量庞大的工匠。专家在铭文中一共发现了十六个工匠的名字。

其中有一个工匠名叫"鸾(diào)",他至少干了十六年,在铭文中他连续地出现了十六年,当然可能还要长。鸾必定是一位老工匠了。在秦国中央政府的手工工场,工匠由两类人组成,一种是奴隶和刑徒,一种是自由民。秦简上说,奴隶和刑徒即使变成了自由人,也得在工场终生干活。原本就是自由民的工匠也很难逃脱终生劳作的命运。我们不清楚鸾究竟是哪一类人,但无论如何,鸾的一生都得在工场度过了。

十六年的劳作,鸾不知道经历过多少坎坷。就是这些像鸾一样的普通人,制造出了留存到今天的这些精良兵器,从一丝不苟的加工痕迹上,我们至今还能感受到他们粗糙的双手和专注的目光。

秦青铜钺

秦代在兵器生产方面,完全实现了法律化的管理制度,各种各样的法律条文,名目繁多。云梦竹简的出土,为此提供了直接的证据。秦简上说,在兵器上涂漆,将黑色和红色涂颠倒了,不要以为是一件简单的事情,应该按照法律论处。大到整个工场,小到某一个像鸾这样的工匠,法律都明确规定了必须完成的定额工作量。无法按时完

成工作任务或质量有问题的,从工师到工匠都会受到不同程度的惩罚,考核制度极其具体和严格。

秦国众多的兵工厂能够按照统一的标准大批量地制作高质量的兵器,金字塔式的四级管理制度是根本保证。当世界上大部分地方仍然被蛮荒和蒙昧包围的时候,秦人就以他们独特的思维方式和智慧,创造出了那个时代最强大的兵器制造业。

现在,我们可以来回答最初的那个问题了:在秦的时代,秦人实际上已经开始用铁了,湖北云梦睡虎地秦简《秦律》中提到了秦国设置有"右采铁""左采铁"等专门从事管理铁的生产的官员。不过人们还不能像处理青铜一样熟练地用铁,铁的冶炼和铸造技术还处在发展阶段,而且铁的冶炼难度较大,在春秋战国时期铁还是比较稀缺的,所以那个时代的武器还是以青铜为主,所以,中国历史上第一个大一统的帝国,仍旧是青铜铸就的。

两千多年前,包括秦人在内的列国都将青铜的性能发展到了极致,在波澜壮阔的统一战争中,这些青铜兵器曾经发挥了巨大的威力。然而,秦军战士怎样使用青铜兵器,强大的秦军究竟是如何作战的呢?秦国的青铜兵器完美无瑕,而其他六国的兵器同样绚丽多彩,那么秦军究竟凭借着什么取得如此辉煌的胜利呢?这支从远古走来的军团,还有更多的未解之谜激发着人们的好奇心。

兵器之利——秦军军阵的前锋

在兵马俑主力部队的最前边,站着三排战士,可以设想,在长平谷地的秦军军阵中,他们最先与赵军交战。考古发现,他们曾经装备的武器一律是远射用的弩。这些弩兵分为三排,直面成千上万汹涌而来的敌人。

弩兵在战场上必须轮番射击,因为临敌不过三发,敌人往前冲了,这一支箭装上去以后射出去,你再装一次,敌人还往前冲,三次箭射出去以后,敌人就冲到面前来了。在如此短的时间内,秦军弩兵只有站成三排,拉弦、搭箭、射击,默契配合,一气呵成,才能有效地抵挡敌军的进攻。战场上的时空关系就是这样,所以古代战场上的射击手一定要轮番射击。

这是人们第一次亲眼看到秦军弩兵的作战队形。专家认为,他们站成三排是有道理的。前排的士兵正在射击,后排的蹲着准备,一起一伏,配合默契,三排弩兵因此可以轮番射击,这显然是秦军弩兵作战的一个瞬间。在冷兵器时代的战场上,这种轮番、密集的射击造成的杀伤力最为致命。

在秦军之后近两千年的时间,欧洲人还用类似的方法组织火枪

跪射俑

跪射俑出土

手。在人类战争史上，很可能是秦军开创了这种经典的连续射击方式。

秦兵马俑坑一共有三个，一号坑最为宏大，总面积达14260平方米，兵马俑数量也最多，预计有6000多件，可能是秦始皇的步兵团队；三号坑面积很小，但其地位却最高，疑似秦军军事指挥机构。

1976年6月到1977年8月，考古队对二号坑进行局部试掘，搞清楚了二号坑的模样。二号坑面积不足一号坑的一半，约6000平方米。考古学家们经过近年的发掘，发现该坑平面呈曲尺形，东西最长处124米，南北最宽处98米，坑的东、西、北三面均有斜坡门道。

军吏俑

二号坑这些面朝东向的兵马俑分为战车方阵、骑兵阵、弩兵阵和车、步、骑混合组成的大型军阵。最东端是弩兵阵，由身着战袍的轻装立射俑和身穿铠甲的重装跪射俑组成。战车方阵是四个方阵中最大的，分布着几十乘战车和作战的士兵。俑坑的中部，是由战车、步兵和骑兵组成的混合军阵。俑坑的北半部是一个骑兵方阵。

令考古学家们震惊的是，在一号坑的一文

二号坑中的兵马俑为由骑兵阵、弩兵阵和车、步、骑混合组成的大型军阵

矛头的附近,发现了一条6.3米长的矛柄的遗痕,加上矛头,也就是说完整的长矛要接近7米长。考古学家们被自己的发现深深地震惊,这种7米长的刺杀兵器,端平都十分吃力,秦军是怎么用这么长的矛来作战的呢?

根据成书于战国时期的《考工记》记载,用来刺杀的长兵器最多不能超过人身长的三倍,否则的话仅凭人手很难操纵自如,也就很难投入到战斗中。然而在俑坑中发现的长矛遗迹已经超过了人身高的三倍,一个人拿着近7米长的长矛,就如同扛了一根长竹竿,动作上的不便就会给战斗中的士兵带来很大的危险。

如果用来单兵作战,7米的长矛根本无法自由格斗。但是,在古代希腊,亚历山大的军队就以使用7.2米的长矛而闻名,由长矛组成的方阵曾经使他们战无不胜。专家们推测,秦步兵中应当有类似的长矛方阵,长矛的威力在于集体的力量。

不论发生什么情况,这些士兵都要挺着长矛向前走,前排倒下,后排立即补上,保持方阵不变。可以想象:为了将几千人、几万人变成一个铜墙铁壁的方阵,士兵们必须要进行严格的训练。

方阵在古代冷兵器时代是所向披靡的,进攻时如同一座山、一座城压向敌人,特别是这座山、这座城浑身长满了尖锐的长矛。

从武器和作战方式来看,长矛手是杀伤力最大的步兵兵种。长矛方阵枪头如林、方阵如山,巨大的冲击力不可阻挡。

根据《考工记》的记载和河南出土的著名的水路攻占纹铜鉴透露的信息,我们可以清楚地看到,秦国之外的诸侯国也有相应的长矛兵,并且也有轻重不同的组合,以适应冷兵器时代新的战术需要。

而秦俑军阵体现出来的秦军长矛手的编制及其长矛战术应该是战国时代长矛步兵兵种及其战术发展的巅峰和结晶,不仅成为独立的兵种,而且将战国时代长矛步兵的技术与战术发展到了前所未有的新高度。

在兵马俑坑,考古人员还发现了另外两种长柄刺杀兵器。

戟的长度在 2.8 米左右,是中国特有的一种长兵器,通俗地说它是把戈和矛合为一体,可刺可凿、可推可拉、可以钩砍、可以直刺,从战国到两汉,它一直是中国军队的主要长兵器。与长矛手不同,持戟的士兵可以做单兵格斗,对于他们来说,掌握自由搏击的技巧和发挥个人能力是最关键的。

考古人员发现的第三种长柄兵器叫铍。它很像插在长杆上的短剑,长度界于戟和长矛之间,在 3.5 米左右,持铍的士兵很可能也是靠某种队形去冲击对手。

从不同的杀伤距离来看,长矛、铍和戟长短之间既有专业分工,又可以互相保护。

但是,这些兵器之间究竟如何配合使用,今天已经很难了解。兵马俑坑曾被人盗毁,士兵手中的兵器大都遗失了,仅存的一些也散落在黄土中,原始的位置已经很难判断。

在兵马俑坑,军事专家还是发现了一种配合作战的范例。在轻装的弩兵中,有位身穿铠甲的士兵看起来十分特殊,他手中是长矛一类的刺杀兵器。在射击部队中编制这样的长矛手,是为了保护射击手免遭冲到前面的敌人的伤害。从这些细节来看,秦军步兵在专业化和协同作战方面,很可能已经相当成熟。

威力军阵——古代战争的撒手锏

在秦始皇兵马俑中，二号坑这些面朝东向的兵马俑分为战车方阵、骑兵阵、弩兵阵和车、步、骑混合组成的大型军阵。这些军阵有机结合，构成一个曲尺形大阵，形成"大阵套小阵，大营包小营，阵中有阵，营中有营"的布局，它可分可合，分则可以单独作战，合则浑然成为一体，发挥多兵种混合作战的威力。尤其是车、步、骑三个兵种混合编组，是自战国时期步兵、骑兵成为独立兵种后在军阵上的一个重要发展和变化，反映了古代"易则多其车，险则多其骑，厄则多其弩"的战术思想。

从秦兵马俑所组成的军阵来看，秦军的军事技术无疑达到了那个时代所能达到的最高峰。在世界军事史上我们也发现，不仅仅是中国，许多国家都依靠着多兵种组成密集的军阵来提高军队的生存力、战斗力。古希腊城邦军阵、马其顿方阵，以及罗马帝国时期的罗马军团，他们与秦军都存在着惊人的相似之处。

在这些方阵中，最著名的当属马其顿方阵。马其顿国王腓力二世即位后立即着手仿效希腊人的制度，实行政治、军事改革。他根据希腊底比斯步兵方阵，创立了包括步兵、骑兵和海军在内的马其顿常备军，将步兵组成密集、纵深的作战队形，号称马其顿方阵。这种方阵中间是

黄土下的战车部队（计算机模拟复原图）

重装步兵，两侧为轻装步兵，每个方阵还配有由贵族子弟组成的重装骑兵，作为方阵的前锋和护翼。

腓力二世之子亚历山大即位后，方阵得到进一步改良，马其顿方阵纵深由希腊方阵的8至12排人扩大到16排，增大士兵之间的间距，士兵以重装步兵为主，全身装备青铜头盔、胸铠和胫甲，使用的兵器主要是盾牌、利剑和长矛。矛长达6米，比秦军使用的矛稍短，长矛必须双手才能持用。把矛举起来，前后共组成16排。处于阵中的士兵是无法自由行动的，只能跟随着方阵整体的步骤前进，否则即使不被敌方杀死，也会被己方践踏而死。在方阵的左右侧翼，部署有轻装步兵和骑兵作为掩护，与方阵构成一个坚固的整体。

这种军阵当它前进时，锐不可当，像座山在前行，压碎阻碍它前进的一切，其中尤以高加米拉战役让人印象最深刻。公元前331年春天，亚历山大率领希腊联军，与波斯国王大流士三世，在亚述古都尼尼微近郊的高加米拉进行最后的决战。大流士三世集结了几乎所有精锐部队，同时又部署了装有锋利刀剑的重型刀轮战车200辆，战象15只，号称百万大军。

决战前，大流士三世命人把战场铲平，以利于战车进攻，愚蠢的他不知道这样却方便了敌人。亚历山大率领的希腊联军仅有步兵4万，骑兵7000人，他们从容布阵，奋勇冲杀，就是在重步兵方阵的紧紧逼迫下,打开突破口。亚历山大亲率左侧亲随骑兵穿过突破口,直奔大流士。惊恐万状的波斯国王仓皇逃出战场,波斯军全线崩溃。

在亚历山大指挥下的马其顿方阵所向披靡,这支军队从欧洲出发征服了波斯、中亚和印度的部分地区。如果不是无法医治的瘟疫、炎热的气候和士兵厌战的情绪阻止了亚历山大的进军,中西的交锋很有可能远在战国时代就已经开始了。

帝国时代的罗马军团,声名显赫一时。罗马军团由轻步兵、重装标枪兵、重装步兵、长枪兵、骑兵等兵种组成。士兵排列成密集的队形,由最外层的重装步兵用盾牌排列出"龟甲阵形",保护己方不为敌人的投枪和弓箭等投射兵器所伤。最富经验的长枪兵则紧随其后,在战斗最后关头,长枪兵往往就是决定胜负的力量。轻步兵更为靠前,以灵活机动战术骚扰和疲劳敌军,并为军阵的突击扫平道路。骑兵布置在两翼,既是为了突击,又是为了掩护整个军团。帝国时代的罗马军团,往往排列成正面宽200米、纵深90米的庞大的、无坚不摧的军阵。

在罗马的军事征服史上我们可以发现,军阵的威力最主要是与地形、地势的起伏、缓急密切相关。在东方,中国先秦时代盛极一时的车战,就是适应中原地区的平坦、广阔的地形而形成的军事技术。在西方,马其顿严密的步兵方阵与两翼的重骑兵,在平坦的地势上就好似排山倒海,足以摧垮任何对垒的敌人。这种压倒一切的威势,需要借助于平坦的作战地形才能发挥到极致。但是一遇到起伏的地形,如山地,马其顿方阵就没法保持紧密的队形,而一旦出现缺口,方阵就等

汉代画像砖拓片"伍佰骑吏"

于被破解了。

在公元前168年的皮得纳战役中,罗马人就是这样打败马其顿方阵的。罗马人引诱马其顿方阵进入山地,使之无法保持队形,最终只以100多人伤亡的代价,消灭马其顿军主力3万余人,马其顿国王伯尔修战败被俘,马其顿王国从此灭亡。战争的经验教训告诉我们,密集方阵一般只能适用于平原地带,到了复杂的地形上完全施展不开。

军队以密集的阵形出现在战争史上,其中一个重要原因是武器装备的特点。当投射兵器还不能发挥它的优势的时候,密集阵形的重装步兵就几乎成为克敌制胜的唯一选择。

大多数历史学家认为,当骑兵与弓箭结合得更为完美之时,往往密集的步兵方阵就陷入了灭顶之灾。

公元前53年,罗马三巨头之一的克拉苏率七个军团,4.5万人的精锐部队,气势汹汹地发动了对帕提亚王国(安息)的战争,却在帕提亚高度机动的轻骑兵战术、密集的箭雨面前遭到惨败,克拉苏本人也成了阶下囚而被处死。

从秦军的所向披靡,我们似乎可以发现,在青铜时代,东西方的军事技术存在着惊人的相似之处。在秦的时代,中国远远超越了西方的军事技术,开始运用强劲的弩作为远距离的投射兵器。敌军在接触秦军之前,先受到秦军长距离箭雨的冲击,而骑兵弓箭射程远不及秦弩,这有效地抵消了骑兵对秦军军阵的骚扰,使秦军在面对骑兵时仍处于不败之地。

由长矛、戟、铍等长短兵器构成的立体的密集方阵,是构成秦军冲击力的主要部分,两翼的骑兵、车兵则组成机动部队,负责骚扰、牵制,一有机会就发起快速的冲锋。在秦军方阵的强大攻击力面前,任何与秦军面对面的对决都将是一场灾难,最好的办法就只有坚守高垒,借助地势来缓解秦军的攻击。长平之战赵军最初遭遇秦军时,在名将廉颇率领下,强悍的赵军也只得迅速后撤。

泰山压顶——秦赵长平决战

根据兵马俑的布局来推测:两千多年前的长平战场,赵军首先面对的是秦弩兵,紧接着就是秦步兵的冲击,他们是秦军真正的主力部队。

司马迁在《史记》中记载:两军初次交锋,赵军损失惨重。深知秦军厉害的赵军统帅廉颇,立即改变策略,全线撤退,凭借有利地形,构筑壁垒固守。秦军久攻不下,又远离国土,战局反而开始对秦军不利。

《史记》中写道:秦人用反间计使赵王上当,以年轻的赵括代替了老帅廉颇。赵括到达前线后,立即改变部署,向秦军主动进攻。而秦王也秘密换上战国时最为杰出的军事天才白起为秦军总指挥。

当赵军大举进攻的时候,白起认为战胜对手的机会已经来临。经过周密的思考和讨论,一个大胆的计划诞生了。秦军主力开始在长平东南的有利地势上构筑壁垒,与赵军作战的部队依照白起的命令佯装败退。

赵括果然中计,率领赵军主力离开大本营,进入了秦军的口袋阵。

在夜幕的掩盖下,两支背负使命的秦军悄悄地离开了营垒。一支2.5万人去断赵括的后路,另外一支5000骑兵直奔赵军大本营。这是一个相当冒险的决定,两支部队要么全军覆没,要么彻底改变相持局面。

今天,这条将整个长平谷地一分为二的河流仍在流淌,当年包抄

长平之战形势图

赵军的秦军,就穿过了这条河流。

然而,军事专家对这两支秦军部队一直心有疑惑。2.5万名奇兵属于哪一个兵种?5000名秦国骑兵究竟如何作战?这一切都没有人确切知道。

两千多年后,在秦始皇兵马俑坑,考古人员发现了秦军的战马。专家测量了100多匹陶土战马的身高,惊奇地发现:所有的战马高度都统一为133厘米。史书上说:秦军选择战马的第一个条件是马的高度必须达到5尺8寸,5尺8寸正好是今天的133厘米。根据秦剑的记载,秦律规定如果发现饲养的马匹不堪使用,或者在奔驰、羁系的时候不听指挥,那么主管的县司马、县令和丞都要受到一定的处罚。已经挑选好的马匹,送到军中之后还要再次进行考核,如果有马被评为下等,那么主管的县司马、县令和丞同样也要受到处罚。看来,秦人对战马的选择十分严格。

根据史书的记载,秦马具有良好的声誉,秦马好,好到什么程度呢?有一个描述的词语叫"探前蹶后"。前蹄子往前一拔就是探前,后蹄子往后一蹬就是蹶后。"探前蹶后,蹄间二寻者不可胜数也",就是前蹄

兵马俑博物馆
骑兵和战马

马是兵马俑坑中雕塑的精华。秦人的军马主要来自于今天甘肃的洮河流域，屈河曲马种，跟蒙古马很相似。

子和后蹄子之间要有一纵一丈六，这样的马对于秦人来说多得很，数都数不清。而秦人所标榜的这些标准也正说明了秦人远祖流传下来的牧马经验的可贵以及秦马的优良。

同样，秦人不仅对马匹，对骑士的挑选也相当严格，不仅要有良好过硬的身体素质，还需要聪明的才智才会被选中。秦军中的骑兵在战国时期非常著名，在兵马俑二号坑中出土的秦国兵马俑，平均身高1.8米，而且体态匀称、神态机敏，可以说秦人精心的选择和严格的训练标准造就了一支无往而不胜的秦军骑兵。

那么秦国是否是最早出现骑兵的国家？

多年以来，人们普遍认为，赵国是第一个创建中国骑兵的国家。但是，这个仓促的结论忽略了秦人的一段历史。公元前307年赵武灵王胡服骑射组建骑兵时，比秦国晚了三百多年。

三千年前，秦人的祖先生活在今天甘肃东部的高原，那儿草场肥沃，最适宜养马，秦人正是以为周天子养马而起家的。

146　大秦军团

战马

　　早期秦人与游牧部落杂居,为了对抗牧人剽悍的骑士,秦人组建了自己的骑兵。这很可能是中国最早的骑兵部队。秦襄公利用这支骑兵吞并掉了西北的广大地区,并把许多骑马的游牧部落纳入了秦人的部族。根据《韩非子·十过》的记载:秦穆公曾发革车五百乘,畴骑两千,步卒五万,帮助晋文公重耳返回晋国。这里的"畴骑"指的就是秦人的骑兵。但是,秦国的骑士在哪里呢?

　　在始皇陵的漫漫黄土下面,就肃立着一支完整的秦国骑兵部队。

　　我们可以看到,这些秦国的骑士身材修长、装束简洁,独特的皮帽紧紧地勒在下颌上。专家发现,和赵国早期的骑兵相比,秦军的马鞍先进了许多,它的两头微翘,已经有了现代马鞍的雏形。但是,一个最关键的发现是:秦骑兵仍然没有马镫。

　　事实上,最早的骑士,都是骑裸背马,既无马鞍也无马镫。后来,原始的马鞍开始出现,就是在马背上放一块坐垫而已。在兵马俑坑,我们发现,马鞍已经得到了很大的改进,两边微微翘起的低桥鞍开始出现了,这可以说是今天马鞍的雏形。高桥鞍的出现和完善又经历了很多年,一直到唐代才基本定型,在形状上才和今天的马鞍基本相同了。

　　对于骑兵而言,马镫甚至比马鞍更为重要。马镫使骑士可以腾出

一号坑兵马俑军阵(背视图)

双手,用来攻击敌人。在没有马镫的战马上,骑士无依无凭,要全力保持平衡而不能全力作战。

兵马俑考古告诉我们,俑坑中的战马上并没有马镫,由此可以推断,骑兵们在上马时,是按着马背跳上去的。由于没有马镫,骑士两脚悬空,没有着力点,无法用小腿来控制战马,双手也不能完全腾出来全力挥舞兵器作战。那么,没有马镫的秦军究竟是如何作战的呢?

从考古挖掘看,专家们在骑兵纵队中没有找到适于马背作战的长矛和战刀,却找到了箭头、弩这样的远射兵器——秦军骑兵竟然是用弩在马背上作战,确实有些出人意料,骑兵俑展现在人们面前的,正是骑兵处在发展阶段时的形象。

可以相信，在长平战场上，直扑赵军大本营的5000骑兵还无法像后来的骑兵一样，挥刀舞枪冲击敌人。他们的任务很可能是监视赵军大本营的动静，袭击赵军运送粮草的后勤部队。这种以弩为武器的骑兵部队，非常机动灵活，可散可集，能够在短时间内实现长途奔袭，对敌人进行突然的远距离攻击，常常以出奇制胜的方式完成统帅的战术意图。

然而，秦人深知作战中配合协同的重要性，在厚厚的黄土下面，这支秦国的骑兵部队井然有序。他们四骑一组，三组一列，八列共108名骑兵组成一个纵队。考古证实：秦骑兵已经具有非常严密的编排组织，这是迄今人们所知道的中国最早的骑兵编队。

由于有复杂的编队，秦骑兵的整体攻击力要超过那些散兵作战的北方少数民族；由于深厚的养马、驯马和骑马的素养和传统，秦人的骑兵比起东方各国，自然具有很多优势。在统一战争的进程中，这支骑兵无疑是一支最具有杀伤力的先锋部队。

战国时代，因为前所未有的速度和机动能力，骑兵部队在秦军中已经成为一支不可或缺的攻击力量。长平之战，5000秦骑兵最终截断了赵军的粮道，为彻底包围对手发挥了关键作用。

山西省的高平市，有个村庄叫三军村。两千多年前，赵军的统帅部就设在这里。赵军被围后，立即建筑工事，等待救援。这时，司马迁写到，秦军统帅白起并不马上发起总攻，他准备用更加残酷的办法削弱对手的战斗意志。白起围而不打，只出动轻兵反复袭击、折磨被围的赵军。

围困持续了46天，在那悲惨的日日夜夜里，在成群饥饿疲惫的赵军士兵中反复冲杀的秦军轻兵，究竟是什么部队呢？

在众多的陶土战士中，有这样一群，他们手执戈、矛，没有任何防护铠甲,是典型的轻装。在冷兵器时代枪林箭雨的战场上,这种装束的战士不是练就了一身高超的格斗技术,就是拥有非凡的勇气。一些军事专家认为,这些战士很可能就是司马迁笔下所谓的"轻兵"。但是,其他专家有不同的看法。

在第二个俑坑,骑兵部队的边上,考古人员发现了大量战车的残迹,但是,当探测结果全部出来的时候,专家们却颇感意外。

在秦的时代,车步配合是最典型的作战方式。在庞大的战车后面,总有步兵跟随,进攻时车步总是一齐向前推进。车驰卒奔的作战方式曾经风行一千多年。

但是,这儿的探测结果却完全不同,在厚厚的黄土下,埋着一支纯粹由64辆战车组成的部队,后面并没有步兵跟随。

这些战车车体窄小,仍旧由四匹马拉动。可以推想,由于没有步兵跟随,他们完全可以跟上骑兵的速度。战车上的士兵配备着戈、矛等刺杀兵器,正好弥补骑兵无法近身攻击的缺憾。

一些专家认为,袭击被困赵军的轻兵,应该就是这种独立战车,将赵军一分为二的2.5万名士兵中很可能就有这种独立战车部队。

赵军主力在长平被围的消息传到咸阳,忐忑不安的秦昭襄王喜出望外,他立即亲自赶赴前线,将15岁以上的男子悉数征召,组成一支大军。这支临时拼凑的秦军从战场的两翼,一直插到赵军大本营背后,彻底切断了赵军的后路。

赵军统帅赵括终于意识到,形势已经极度危险,他把部队分为四队,拼死突围。司马迁没有提赵括是向哪个方向突围,合乎逻辑的推测应该是向赵军的大本营方向。如果真是这样的话,赵军必须闯过一关,就是秦军中的那2.5万名奇兵,正是他们,关闭了赵括与大本营守军会合的铁门。

可以想象,在整个包围圈上,这里曾经发生过最为惨烈的战斗。这"绝赵军后"的秦军部队,如果没能顶住赵军的拼死突围,这场战争的

一号坑兵马俑军阵

结局或许会改写。此时,除了士兵的勇敢,没有什么比精心组织的军阵更有效了。

在这个凝固的地下军团,6000多个兵马俑组成了一个活生生的秦军军阵。排列在军阵最前面的是三排弩兵,他们是整个军阵的前锋。在军阵的最后面也有三排弩兵,至今还埋在地下,他们是整个军阵的后卫。而且这三排弩兵排成横队,其中有一排面朝后,秦军的这种布阵方式显然是为了防止敌人从背后进行突袭。

秦青铜铎

在军阵的右翼,有两列士兵,一列朝前,另外一列面墙而立。在左翼,也有一列士兵面目向外,虎视眈眈。这样布置是提防大军的左右两侧遭到敌人的突然袭击。这些面壁的士兵正是整个军团两翼的护卫队。

有前锋,有后卫,有两翼,在这四面的围绕之下,中间是庞大的军阵的主体。

这是由38路纵队组成的主力部队,步兵和战车相间交错,浩浩荡荡、气势磅礴。它是个屯聚的阵势,它没展开,兵书上曾经讲了,说这个坚若磐石的军阵一旦展开,如万弧挺刃,好像一排刀片一样一下挺开来了。

这是古代战争史上极其经典的军阵范例,它进可以攻,无坚不摧;退可以守,固若金汤。在这样的军阵前,赵军难逃厄运。

长平战场附近有一个村庄叫白起堡,传说是当年秦军统帅白起的指挥部的所在地。作为最高统帅,白起怎样指挥他那庞大的军阵呢?秦军投入长平的总兵力在50万以上,即使在一个局部战斗中,恐怕也有成千上万的士兵。

古代兵书上说,军队是靠擂鼓和鸣金来指挥作战的,考古学家在兵马俑军阵的指挥车上果然发现了指挥工具。可惜,革制的鼓早已腐烂,但这个青铜铎留了下来。两千多年前的秦军战士,就是听着它的声音从战场撤回。鸣金是收兵,而击鼓,则是前进。各级军官根据旌旗的指示改变击鼓的节奏,士兵们根据节奏行动。这样,在指挥官的意志下,成千上万的士兵作为一个整体进退攻守,互相配合。

在长平战场,战争进入了最为惨烈的阶段。40万赵军被秦军死死围住,四次突围均告失败,断粮已40多天,伤兵的惨叫和哭声弥漫四野,活着的人把伤者杀死吃掉。秦军的任何风吹草动都会引发惊恐不安,绝望像瘟疫一样蔓延。这,正是白起所期望的。

在高平的谷地,有一个围城村,当年赵国的士兵很可能被秦军围困在这一带。绝望中的赵括挑选了精锐的战士,准备做最后一搏,可以想象:当年亡命突围的赵军,正是撞在了秦军无坚不摧的军阵前,这是一架真正的战争机器。

万弩齐发,赵军一个个倒下。统帅赵括就是在最后一次突围中被射死。残余的士兵惊魂未定时,青铜戈、矛组成的方阵已经像一座座城一般压了过来。绝望的赵军最终被秦军彻底摧毁。

两千多年过去了,当年的激战早已化为司马迁笔下简约的描述。

40万受尽折磨后向秦军投降的赵军,被白起全体活埋。在古战场的遗址上,考古学家们发现了成堆的白骨。尸骨的边上还遗留着士兵们的兵器和随身携带的钱币。这是中国甚至世界古代战争史上最为悲惨的一页。

这场前无古人的大战,震惊了山东六国。赵国从此一蹶不振,其他诸侯国也没有任何力量能够再阻挡秦人一统中国的脚步。

长平之战结束后的那一年,一个婴儿出生了,他就是未来的秦始皇,那个将要一统天下的千古一帝。

等级分明——秦军的军衔制度

为了了解秦军的军衔制度，我们有必要再次重温大秦云梦县的那位叫喜的法官为我们留下的竹简。

喜的竹简记载，自己曾经有三次从军的经历，而且他用竹简记录了他在行军过程中的所见所闻，其中就提到了秦军攻打邢丘时发生的两起案件。

秦军在攻打邢丘的战斗中，士兵甲斩首了一个敌人，士兵乙企图杀死士兵甲，据首级为己有，却被第三个士兵发现，图谋不轨的士兵乙当场被捉拿归案。另外的几枚竹简上则说：两个士兵为了争抢一个首级也动了手。秦军在战场上为敌人的一个首级竟要自相残杀！是什么驱使他们对敌人的首级如此渴望呢？

秦统一中国的一百三十五年前，改革家商鞅为秦国制定了一套可能任何别的国家都无法忍受的法律制度，从此，整个秦国都严格地按照这套法律制度来运转，所谓"依法治国"的理念影响了六代秦人，直到秦始皇。

按照商鞅的"耕战"之法，就是要把老百姓塑造成只知道耕田和打仗的机器，其他事情都不要问。作为一个老百姓，要么就是生产，多打粮食,要么就是到前方去拼杀,多杀敌人。

商鞅规定:秦国的士兵只要斩获一个敌人首级,就可以获得爵位一级、田宅一处和仆人数个。斩杀的首级越多,获得的爵位就越高。

这就是商鞅著名的军功授爵制度。两千多年后,喜抄写的竹简让人们得以看到这一制度的大量细节。

在兵马俑坑里有这样一些士兵,手持白刃格斗的刺杀兵器,却不穿一丝铠甲。在整个地下军团中,他们显得十分特殊。这队士兵究竟是什么身份?研究人员一直不清楚。一个可能的推测是:战斗中有一些极其危险的任务时,基本上是有去无回的,重赏之下,这些完全不考虑生死的人站了出来。在商鞅的著作中,军功授爵制度对一支特殊部队制定了最为丰厚的奖赏,这些人很可能就是商鞅所谓的"陷队之士"。

两千多年前的秦国,想必是一个军装闪闪发亮的国度,对于千千万万的秦人来说,上战场不仅是为国家战斗,而且是通向财富和荣誉,摆脱贫困卑微地位的唯一出路。

在中国的历史上,秦人的文化和秉性是独一无二的,这很可能跟他们的历史有关。

秦人出身于大西北的草莽之间,与游牧民族混居。在文明高度发达的中原国家眼里,他们是落后野蛮的民族。虽然秦人努力学习中原文明,但他们从未真正接受过中原文明优雅精致、中庸谦让的伦理道德。在秦人看来,尚武、为利益而战是天经地义的。

韩非子是战国时期的大思想家,他记录了自己初次接触秦人的感受。秦人听说要打仗,就顿足赤膊、急不可待,根本就无所谓生死……

当时的纵横大家张仪游说韩王时这样描述战场上的秦军:他们光头赤膊,奋勇向前,六国军队和秦军相比,就像鸡蛋碰石头。他们左手提着人头,右胳膊下夹着俘虏,追杀自己的对手。在说客绘声绘色的叙述当中,可怕的秦军令人不寒而栗。

让我们再来看那些不戴头盔、护甲不多的秦军将士,似乎只有一

头梳锥髻的彩绘
武士跪射俑

个理由可以解释这种不顾性命的行为：因为过于沉重的头盔和护甲妨碍了他们杀敌晋爵。不仅如此，司马迁在《史记》中记载：战场上的秦军竟然袒胸赤膊，索性连仅有的铠甲也脱掉了。这些陶土的战士向后人传递的信息正是秦人强烈而勇往直前的尚武精神。

秦人有先进和强大的攻击武器，却不注重装甲，这或许是全军的规定，也可能是士兵的自觉行为，在没有确凿的证据之前，人们还只能进行推测。

秦人的军功爵位等级的规定应该是战国列强中最复杂的,商鞅制定的军功爵位由低到高整整有二十等，这不禁让人联想到今天的军衔。军衔是军人荣誉的象征,使用军衔是军队历史上一个重要的转折点,它标志着军队等级管理制度的形成。两千多年前的秦军是否已经实行了严格的军衔制呢?

军衔必须是可以识别的,仔细观察这支两千多年前的军队,他们的发式、帽子和装束都有很大的差异。这种差异跟军衔会不会有某种联系呢？考古学家们在寻找着合理的解释。

军团最前面的三排弩兵,身穿便装,头发统一梳成一个上翘的锥髻。一些身穿铠甲的步兵却将头发梳成发辫,贴在脑后,大量的步兵则戴着那种麻布做的尖顶圆帽。从他们的位置和排列来看,士兵装束和发式的不同,并不是生活习惯差异所致,应该是爵位级别或者说军衔等级不同的标志。

弩是当时最为精准的射击武器。专家们推测,这些梳锥髻、穿便装的弩兵,很可能拥有一等爵位,他们是爵位最低的公士。身穿铠甲、梳着发辫或戴着圆帽的步兵应该是二等爵,他们的爵位是上造。在这个巨大的俑坑中,公士和上造占了绝大多数,就是这些普通士兵构成了秦军的主体。秦军军官又是如何划分级别的呢?

在两道隔墙之间,是秦军的一个独立纵队,那个胳膊前伸、手握缰绳的是驾驭战车的御手。在兵马俑坑,所有的御手无一例外都戴着板状的牛皮帽子,铠甲也比普通战士的精致。在战场上,御手直接主宰一辆战车的安全,他们的位置很关键,他们会是军官吗?

兵马俑坑发现以后,考古学家袁仲一曾提出了一个想法,一辆战车的指挥官,应该是御手,而不是像过去说的车左或车右。

参照史书记载,御手的

头部后面绑有结带的兵马俑

第三章 修我甲兵:秦军的兵器与战阵 | 157

爵位至少在三等以上，这是秦军中最基层的军官，他们的权力是主管一辆战车。仅仅一辆战车还无法构成一个作战单位，统领整个纵队的指挥官又是哪一个呢？

在陶俑群中一个军官双手按剑、气势威严，帽子的形状十分独特。他的铠甲是所有陶俑中最精致的，甲片细小而规整，前胸和后背都有花结，这种花结的作用很容易使人联想到现代军官的肩章。专家考证，这样的军官应该是都尉，爵位大致在七八等，他至少掌管一个纵队。

而介于都尉和御手之间的还有一种军官，他戴的也是板帽，但板帽的中间有一条棱。可能是军侯一类的基层军官，负责纵队所属的一个分队。

关于秦军的内部编制，兵马俑揭开的谜团只是冰山一角，更多的细节至今仍然无从知晓。在世界军事史上，秦军很可能最早建立了比较完备的军衔体系，它的组织和管理已经很接近今天的军队了。这种等级森严、井然有序的体制使秦军的作战效率要远远高于其他诸侯国的军队。

有专家认为，兵马俑的制作原型是按照秦京师军。他们组成的是一个完整的地下军团。士兵和军官各就各位、整装待发。按照道理，这里应该有一个最高指挥官，可考古人员发现：俑坑中级别最高的军官只是一个都尉，都尉大致相当于今天的团长。象征着秦国军队的这个军团怎么会没有统帅呢？

公元前238年，22岁的秦王嬴政参加了加冕典礼，开始正式接掌秦国的大权。嬴政在13岁的时候就已继承了王位，但由于年龄太小，国家大事一直控制在太后手里。加冕典礼是一种权力交接的仪式，从此，秦国的命运就掌握在了这个年轻人的手里。

然而此刻在皇宫的外面，一场蓄谋已久的叛乱却要乘机开始了。一个叫嫪毐的人带着自己的人马，冲进咸阳宫。他想铤而走险，夺取权力。

嫪毐的阴谋并没有得逞,叛乱以失败而告终,嫪毐被处以极刑。司马迁记载:这次武装反叛仅仅斩首了几百人。图谋造反的嫪毐没有取得军队的支持,参加叛乱的只是几千个亲信而已,所以他们很快就被一网打尽。

嫪毐当时的权势几乎仅次于国君,他位居二十等爵位的顶峰。司马迁在《史记》中写道,秦国大大小小的事务一度都曾由嫪毐决定。但是,就是这样一个人也无法调动军队,嫪毐企图用国君和太后的印章去策反军队,但印章根本不管用。在秦国,军队的调动大权归谁呢?

当时调动军队必须要用虎符作为凭证。虎符传说是西周时期的姜太公所发明的,是君主授予臣属兵权、调动军队的凭证,其外形呈虎的形状,所以被称为"虎符",也被称作"兵符"。

虎符

1973年在陕西西安出土的战国时期秦国的青铜虎符被称为"杜虎符",是左半个虎符。符有错金铭文40个字:"兵甲之符,右才(在)君,左才(在)杜,凡兴士被甲,用兵五十人以上,必会君符,乃敢行之,燔燧之事,虽毋会符,行也。"

战国晚期秦的新郪虎符,其错金铭文也是40个字:"甲兵之符,右才(在)王,左才新郪。凡兴士被甲,用兵五十人以上,必会王符,乃敢行之;燔燧事,虽母(毋)会符,行殹(也)。"

这两个虎符的出土证实,史书中关于秦国法律的记载是可信的。秦律规定:除了战争时期,调动50人以上的军队,必须持有虎符。根据杜虎符的铭文我们可以知道,如果军情非常紧急,发出烽火的警讯,统兵的将领不必等待符的两半相合,可以立即调兵采取军事行动。虎符被分成两半,左边的归统兵之将,右边的由国君掌管,两半合拢才能征调一支军队。虎符是军队指挥权的标志,它使所有的秦军都控制在国君一人手里。

根据合理的推测,秦国国君应该有无数个虎符。得知叛乱的消息,秦始皇迅速调集了大批的御林军,干净利落地镇压了叛军。由于无法窃取虎符,谋反的嫪毐就根本得不到军队的支持,失败的结果从一开始就注定了。

作为秦国军队的象征,兵马俑只能有一个最高统帅,那个人就是秦始皇。离兵马俑坑1公里左右,伟大的秦始皇就安葬在那个巨大的土堆下。

强大的秦军仅听命于一个人的调遣,这是秦军的幸运;秦军奋六世之余烈统一了中国,或许,这又是秦军的不幸。公元前210年,秦始皇死在了出巡的路上,在他死后不到三年的时间,这支伟大的军队就走到了历史的尽头。

第四章
胜利东进：一统天下的军事传奇

秦惠文王当政期间，秦军北扫义渠、南平巴蜀、东出函谷，不仅开启了秦军一统天下的步伐，而且也开始了秦人的"六世威烈"，为一百多年后秦统一中国打下坚实基础。

秦异人虽然在赵国度过了人生最落魄的光阴，但是却因此结识了大商人吕不韦。吕不韦不仅将秦异人安全地送回了秦国，而且成功让秦异人成了秦国的太子，继而成为一代秦王。吕不韦辅佐两代秦王，完成了秦军一统天下的所有战略准备，也很可能指导了秦军兵器生产的工业化和标准化，并且以《吕氏春秋》为秦军以"义兵"之名一统天下提供了合法性支持。

秦惠文王——开启秦军一统天下的步伐

商鞅变法让秦人迅速强大了起来,特别是秦军与魏国的大战震动了东方诸国,东方诸国不得不开始重视秦人的崛起。

于是当秦孝公去世,嬴驷即位的时候,"楚、韩、赵、蜀人来朝",甚至在他即位的第二年,周天子都发来祝贺。第四年,周天子还送来了祭祀文王和武王的祭肉。

嬴驷即位后对于秦人来说最庆幸的一件事应该就是没有废除商鞅确立下来的法律制度和社会制度。虽然因为宗室对于商鞅的仇恨,导致商鞅最终被车裂,但是嬴驷和宗室贵族们也都看到了商鞅确立的制度带给秦人社会的明显改变,以及这种改变对秦人崛起的巨大意义。

史书记载,商鞅变法"行之十年,秦民大悦,道不拾遗,山无盗贼,家给充足。民勇于公战,怯于私斗,乡邑大治"。于是这种让秦人"大治"的制度也就因此稳定了下来,任何一位贵族和秦王都将无法改变秦人社会发展的历史大势。

商鞅变法奠定了秦军持续性走向强大的制度和根基。秦人能够持续性走向强大,和秦人在自己历史的转折点上没有犯愚蠢的错误有根

战国三大强国:齐国、楚国、秦国

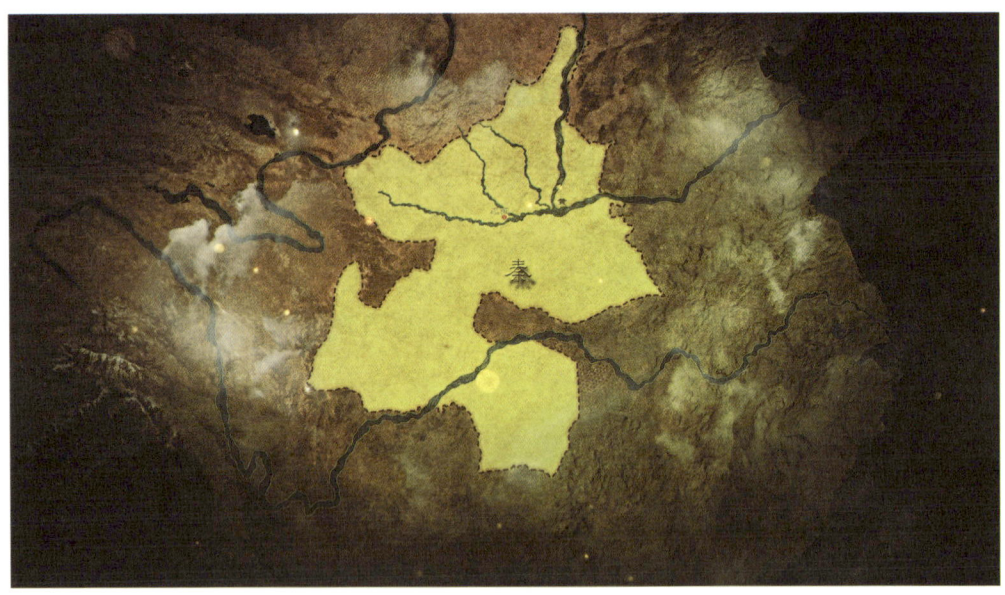

商鞅变法后秦版
图(秦孝公时期)

本的关系。之所以各国的变法都归于失败,就是因为各种利益的纠葛最终导致这些改革不会被完全彻底地继承下来。嬴驷对商鞅确立下的制度的坚持是秦人的幸运。

纵观历史发展的轨迹,我们可以看到后来的大汉王朝也是"汉承秦制",我们就可以体会秦人的制度在当时历史语境下实施的先进性和必然性。

于是嬴驷也就继承了一个在当时改革成熟的、先进的社会体制,还有一个充满了士气和战斗力的军队。年轻气盛的嬴驷注定要让这样的军队为秦人开拓前所未有的事业。

然而此时,东方诸国都已经先后称王,嬴驷面对秦人此时强大的国力和秦国崛起对诸侯国的震撼,觉得称王的时刻已经成熟,于是在执政的第十三年嬴驷便正式称王,史称"秦惠文王"。

嬴驷正式称王后,士气昂扬的秦国终于要再次张开他的血盆大口,而曾经在战国前期最为强大的魏国则成了第一个牺牲品。

魏国位于秦国的东方,与秦国接壤。如果秦军要东进,魏国就会成为秦国的第一道障碍,所以秦军为了开拓自己的东方前线,势必将和魏国进行殊死搏斗。公元前330年,秦国大良造公孙衍破魏军于雕阴(今陕西甘泉南),魏以河西地予秦。公元前329年,秦军攻魏,取河东的汾阳(今山西万荣西南)、皮氏(今山西河津)及焦(今河南三门峡西南)、曲沃(今河南三峡西南)。次年秦军乘胜攻魏,取魏蒲阳(今山西隰县)。魏国在秦军数次强大的攻势之下,又被迫割让上郡15县(今陕西东北部地区)给秦。从此,秦国不仅把魏国黄河以西的地盘全部吞并,而且把势力范围推进到了黄河西岸,开始与东方六国形成了真正的正面对峙。

秦人建立了东进的根据地,可以说秦人就此正式开启了东进一统天下的步伐。在一统天下之前,秦人要解决的最根本的问题便是战争的后勤保障。

秦人的关中虽是一个大粮仓,但供应本国和王室尚可,供应战争期间巨大的后勤消耗则还远远不够。然而历史非常及时地给了秦人促成成功的各种因素。

公元前316年,巴蜀两国发生了战争,而两国都派来了求援的使者,同时秦国东线的韩国侵犯秦境。经过名震天下的纵横名家、丞相张仪和大将司马错激烈的争论,秦惠文王最终决定采纳司马错的建议,出兵攻打蜀国。这年秋天,司马错与张仪、都尉墨等率军从石牛道出兵攻打蜀国,与蜀国军队在葭萌(今四川广元)交战,蜀王兵败逃到武阴(今四川彭山东)。一个月后,巴蜀灭亡,秦军营建了新的成都城,原来的蜀王成了秦国的蜀侯,司马错则担任了巴蜀的郡守。李冰接替司马错成为巴蜀的郡守后,通过修建都江堰,将巴蜀地区的水患变害为利,从此巴蜀宝地得到充分灌溉,真正成为中国的"天府之国",即将为秦国的军事后勤提供充足的粮食保障。

如果说商鞅变法为秦国一统天下打下了制度的基础或者经济的基础,那么司马错伐蜀则为秦国一统天下奠定了后勤的、战略的基础。

在秦国的南方汉中,紧邻着的是强大的楚国。楚国一直是南方的大国,可谓军事强大、实力雄厚,创造的文明成就也是独树一帜、引人注目,考古发现的楚国青铜剑直到今天依然熠熠生辉。

公元前334年,楚威王六年,楚国成功灭掉了东方的越国,国界范围一直扩展到了东海之滨,其疆域几乎囊括了整个南部中国。广袤的国土、丰富的物产,让楚国在战国时代成为少数可以与秦国抗衡的诸侯国之一。甚至在当时,人们已经有了这样的看法,那就是天下不并于秦便会并于楚。可惜的是,虽然楚国国力强大,但是历代的楚王大都缺乏锐意进取的精神,到楚怀王时代更是如此。

战争频仍的战国时期,东方各国为了捍卫自身或者攻击他国,出现了合纵和连横两种外交策略。

南北为纵,六国地连南北,所以关东六国联合抗秦,被称之为"合纵";东西为横,秦国在西,六国在东,所以促使六国依附于秦,被称之为"连横"。所以连横的出现便是有意针对合纵,对合纵的诸侯国各个击破,以瓦解诸侯国对于秦国的抗衡。连横的出现是在战国时期兼并战争强弱分明的情况下,弱国一方面被迫帮助强国进行兼并战争,另一方面也可以借助追随强国的机会而从其他弱国谋取自身的利益。韩非子对合纵与连横的描述便为"纵者,合众弱以攻一强也,而横者,事一强以攻众弱也"。合纵和连横实际上是一种外交和武力相结合的国策选择。外交政策的选择直接关系到一个国家的地位和利益,所以战国时期的各个诸侯国国君也都非常注重自身的外交策略。在这样的时代背景下出现了很多的游士和说客,这些游士和说客四处奔走游说,为各国君主出谋划策,希望能通过各国君主而实现自己经略天下的理想和抱负,或者希望借此可以实现自己的某种政治主张,这些人当时被称为"纵横家"。在众多的纵横家中,最著名的是鬼谷子的徒弟张仪和苏秦。张仪曾经两次相秦,凭三寸不烂之舌,胜过雄兵百万,可以轻易拆散六国合纵,而鼓吹连横则把楚怀王骗得客死他乡。苏秦更是先后挂了六国相印,声名显赫一时。在这个纵横捭阖的政治军事博弈时代,秦国成了合纵与连横的缘起与核心。

这里,我们可以看到商鞅和秦孝公为秦人留下了一个多么强大的秦国。

六国合纵最早开始于惠文王更元七年,也就是公元前318年,这

六国合纵攻秦时各国版图

函谷关

> 公元前318年，赵、楚、魏、韩、燕五国联军攻秦，至函谷关败退，史称函谷关之战。此战后六国更加无法抵御秦国的兼并进程。

一年，苏秦约六国合力攻秦，楚怀王便是六国盟主。秦惠文王派遣庶长疾率领秦军与六国联军大战于韩国的修鱼之地，最后俘虏了韩军将领申差，击败了赵公子渴和韩太子奂率领的军队，斩首联军共8.2万人。这是秦军东出函谷关第一次打败六国联军，此战极大地增长了秦人的士气，也给了六国很大的打击。

面对秦国强大的军事进攻，曾经瓜分晋国的"三晋"——韩、赵、魏的联合首先出现裂痕。更元十年，韩太子苍来到秦国做人质，以缓解秦国对韩国的进攻压力。但是韩国正处在秦国东进的路口，因此秦国并没有让步，就在当年和次年两次进攻韩国的石章、岸门等地，再次斩首万余韩军。更元十年，秦国再次攻打赵国，击败了赵国大将泥，夺取了赵国义渠二十五城；更元十一年，攻打魏国焦地，魏国守军在秦军强大的攻势面前不得已投降。更元十二年，秦惠文王与魏王在临晋，也就是现在的陕西大荔进行会晤,借着与魏国修好的时机,秦人再次攻打赵国,并俘虏了赵国大将庄。"三晋"的三心二意导致诸侯国合纵失败,而秦国一时还无法同时灭掉身边的三个国家,于是秦军的锋芒开始指向东方的楚国。

由于江汉一带秦楚接壤,所以秦国的崛起和扩张必然引起楚国的警觉,而两国的冲突也将在所难免。由于强秦的霸势崛起,楚国很快便和齐国决定形成合纵联盟,一致对抗秦国。在当时的六国中,齐国和楚国是秦国之外最为强大的国家,齐楚合纵,可以让秦国不敢轻举妄动。而秦国为了顺利东进必须成功破坏齐楚合纵,所以随后派张仪入楚,为楚王鼓吹连横,劝楚国与齐国断绝外交关系而与秦形成连横,并口头许诺,秦国会归还楚国原来的 600 里商於之地。

商於为原楚国故地,位于秦岭东南,为楚国文化的发祥地之一,是秦楚两国相接壤的军事战略要地,而易守难攻的武关便位于其间。秦国占据商於之地后因为卫鞅变法有功,秦孝公便将商於之地十五邑赐给了卫鞅,卫鞅因此而被秦人尊称为"商鞅"。

楚国失去 600 里商於之地,一直耿耿于怀,这次张仪为楚国鼓吹连横,便以楚国非常在乎的商於之地为诱惑之一。楚国如果能够再次获得 600 里商於之地,那无疑不仅会继续壮大楚国的势力,想必也会激发楚人的士气和斗志。因此在张仪的蛊惑下,楚怀王思量再三最终决定与齐国断绝外交关系。但是当楚国的使节到了秦国依照秦国的许诺索取商於之地时,张仪却装病在家,躲避不出,不肯见楚国使节。在使节不断地求见下,最后张仪终于出现,但是却明白地告诉楚国的使节,以前他答应过的只是把自己封地的 6 里送给楚国,并没有说过商於之地的 600 里。

受到了张仪愚弄的楚怀王雷霆大怒,公元前 312 年楚怀王决定发兵攻打秦国,于是秦楚大战于丹阳,也就是现在的河南淅川。丹阳原为楚国故都,为战略要地。结果秦军大胜,斩首楚军 8 万。秦军乘胜攻克

汉代画像砖拓片
"宴饮"

楚地汉中,至此通过汉中,秦人将巴蜀与秦川连成了一片,一个更为强大的秦国就此出现在了六国的面前。

楚怀王在盛怒之下便调动了楚国几乎全部的兵力与秦军决战于蓝田,最终在强大的秦军面前,楚军再次败北而归。而秦军则在次年再次出兵伐楚,获得了楚国的召陵之地。经过此番大战,楚国非但损兵折将,没有收回600里商於之地,而且也失去了汉中这样一个粮仓宝地。此后的楚国虽然依然国土广袤、国力强大,但是面对强大的秦国,已经不能再发动进攻了,只能在战略上采取守势。而此后的秦军则乘胜不断发动对楚国的战争,最终导致楚国的都城不断东迁。

这一年,秦国的版图再一次扩大,但秦惠文王却不幸去世,享年47岁,在位二十七年。秦惠文王统治秦国的二十多年中在秦孝公留下的基业之上再次壮大了秦国的实力,为后继者继续东扩创造了坚实的基础。

继任者秦武王是一位大力士,在攻打韩国的宜阳之战胜利后,秦武王来到周都洛阳观看太庙的九鼎,好胜的秦武王再次和大力士们开始举鼎比赛,然而很不幸,举鼎失败导致沉重的雍州之鼎直接砸折了秦武王的胫骨,他随后不幸去世。由于武王没有子嗣,于是只好迎立自己的异母弟弟嬴稷即位,是为秦史上著名的秦昭襄王。

如果说商鞅变法时期是秦人最为热血昂扬的时期,那么秦昭襄王在位期间大约是秦人最为传奇的一段时期,这一段时期的历史因为一个女人的出现而显得前所未有的多彩和绚烂。

秦昭襄王——成就秦军的威名

春秋战国以来，秦楚两国恩怨不断，然而一位来自楚国的女人却主宰和影响秦国的历史近四十年之久。这位女子姓芈，人称芈八子，是秦惠文王的姬妾，她是中国有史以来被记载的第一位主掌朝政的女人，也是中国有史以来第一位被记载的太后。

公元前 306 年，秦武王因举鼎而死，因秦武王无子，他的弟弟们开始了争夺王位的斗争。而此时看着秦国内政动荡的赵武灵王则及时派遣代郡郡相赵固将在燕国做人质的公子稷送回秦国，希望以这个赌注为未来的赵国获得可能的利益。嬴稷于是在其舅舅，也就是芈八子异父弟弟魏冉的帮助下，成功即位，是为秦昭襄王。魏冉随后平定了王室内部争夺君位的动乱，诛杀惠文后及其子嗣，将悼武王后驱逐至魏国，肃清了与秦昭襄王不和的诸公子，终于创造了嬴稷执政的环境。但是秦昭襄王年幼，于是成了宣太后的芈八子便开始以太后之位主政，魏冉辅政，宣太后也成了中国历史上被记载的第一位太后。当时的人可能都没想到的是，这位宣太后就要以自己的手腕、智慧甚至才貌影响秦国近四十年的历史。

宣太后辅佐秦昭襄王，继续实施了秦国东扩的战略，可谓对秦国

成了宣太后的芈八子开始以太后之位主政(剧照)

历史贡献巨大,而在宣太后主政期间最被人乐道的一件事,或许也是对秦人东扩的整体战略最为重要的一件事,便是以自己的色相为诱,攻灭了秦国西部的义渠,彻底扫除了秦军东进的后顾之忧。

义渠是东周时期活跃于泾水北部至河套地区的一支古代民族,一直活动在秦国西部,并长期与秦国发生战争。公元前331年,义渠国内发生内乱,秦惠文王派庶长操平定内乱。公元前327年,秦惠文王在义渠设县,义渠王向秦国称臣;公元前319年,秦国攻打义渠,夺取了郁郅(今甘肃庆阳东)。作为报复,次年义渠参与了楚、韩、赵、魏、燕五国合纵攻秦之战。义渠趁秦军主力与五国交战之机,大败秦军于李帛(今甘肃天水东)。公元前314年,秦惠文王再次派兵攻打义渠,攻取了徒泾(今山西、陕西两省间黄河南段以西地区)等二十五座城池,导致义渠国力大损,但义渠依然保留着相当的实力。

秦昭襄王继位时,义渠王前来朝贺,当主政的宣太后发现这位义渠王对自己有些意思的时候,攻灭义渠的谋略也就在心里成形了。此后宣太后与义渠王不断暗中往来,甚至不惜为义渠王生下了两个儿子。然而在秦廷的后宫大院,宣太后与秦昭襄王则日夜密谋如何攻灭义渠。公元前272年,宣太后最后一次引诱义渠王入秦,并果断杀之于甘泉宫,当义渠无主的时候,秦国趁机发兵,很快攻灭了义渠。至此,义渠的所有版图尽数归于秦国,秦昭襄王在义渠的故地上共设立了陇西、北地、上郡三个郡。至此,秦军东进的后顾之忧就被彻底解除,而对此贡献最大的是洒脱豪放的大秦太后。

我国著名先秦史专家马非百认为,宣太后以母后之尊的地位,牺牲色相与义渠王私通,然后设计将之杀害,一举灭亡了秦国的西部大患义渠,使秦国可以一心东向,再无后顾之忧,她的功劳不逊于司马错攻取巴蜀。

宣太后30岁上下当上了秦国太后,为了巩固幼子的王位以及秦国的安定,她用了世上最直接的方法:和国力在当时最为强大的楚国联姻。同时楚国也是她的母国,这种做法更增进了秦楚之间暂时的感情。宣太后为自己的儿子迎娶了楚国的公主为王后,同时也将秦女嫁与了楚国。之后,这位大秦太后任用弟弟魏冉、芈戎以及儿子公子悝、公子巿等四贵主政,同时让自己母亲的族人向寿担任秦国的丞相。太

宣太后为了攻灭义渠,与义渠王暗中往来(剧照)

后的族人和亲信掌控了秦王朝的各个职能部门,这对稳定朝局至关重要。事实证明宣太后重用的这几位族人都确实非常有才干,特别是宣太后的异父弟弟魏冉,他担任丞相,掌控朝政,提拔重用白起统帅秦国军队,掌控军权,从此战国时代的第一战神登上了历史舞台。而在涉及国家利益的时候,大秦太后用自己的实际行动熏陶着年轻的秦昭襄王,为了国家的利益有些东西是可以不用顾忌的。于是这才有了她用牺牲色相的办法来铲除义渠国的行为。秦国之外最为强大的楚国是太后的娘家,然而在国家大义面前,宣太后用计困死了一直觊觎秦国巴蜀和汉中土地的楚怀王。秦昭襄王在母亲的言传身教下开始学习治国的谋略和锻炼管理国家的能力,尽管自己的这位母亲还要亲政很长的时间。实际上秦昭襄王在位的五十六年时间里,有近四十年的时间是这位大秦太后在幕后影响着秦昭襄王的决策。特别是秦昭襄王在位的前期,宣太后及四贵的专权极大限制了秦昭襄王的权力,造成了秦国国内只知有太后和四贵,不知有秦王的局面。魏国人范雎逃亡至秦国后,受到秦昭襄王的重用。范雎向秦昭襄王建议收回5人的权力,以免造成淖齿、李兑那样弑君篡国的祸乱。秦昭襄王四十一年,秦昭襄王采纳了范雎的建议,废宣太后,将魏冉、芈戎、公子悝、公子市等四贵驱逐出秦国。公元前265年,秦昭襄王四十二年,宣太后被收回权力一年后便在这年10月去世,秦昭襄王开始正式主宰大秦王朝的沉浮。

在义渠还没有被秦国吞并的时候,由于义渠王和大秦太后的私情,义渠对秦国西线的威胁暂时被解除。于是秦国在大秦太后和秦昭襄王的谋划下,继续东扩。

楚怀王背弃了与齐国的合纵计划之后,导致楚国自身孤立。于是秦军便将东进的进攻重点瞄准了楚国,而楚怀王优柔寡断、首鼠两端,缺乏主见和敏锐的政治智慧,最终导致了多国对楚国的攻击,就此楚国走向了衰败。

楚怀王二十年,齐宣王写信劝楚国背弃秦国与齐国合纵。此时秦国是秦武王执政的第二年,张仪已死,楚怀王于是听从令尹昭睢的建议背秦亲齐。楚怀王二十四年,秦昭襄王即位。由于宣太后是楚人,力主与楚和好,秦遂以厚礼送给楚王。楚怀王在此情景下又背离了齐国,重新与秦国合好,并到秦国迎娶宣太后赐予的秦女,从而与秦国结成婚姻之好。楚怀王二十五年,楚怀王与秦昭襄王相会于黄棘(今河南新野东北),此次会面秦国向楚国退还了侵占的上庸之地。

楚、秦联合对齐构成威胁,于是齐国就联合韩、魏进攻楚国。韩、魏本与秦连横对付齐、楚,但秦国在同韩、魏交好的同时,照样对它们进攻。于是韩、魏与齐国联合了起来,在孟尝君的游说下,三国联军开始攻打楚国。

楚国被三国联军打败,不得已将太子横送到齐国做人质,向齐国屈服,秦国担心的事情还是发生了。于是秦国再次对楚国宣战。

秦昭襄王六年,庶长奂率领秦军攻打楚国,斩首楚军2万;昭襄王七年秦国夺取了楚国的襄城(今河南襄城),再次斩首楚军2万,同时楚国将领景缺被斩。在秦军取得胜利的同时,齐国、魏国、韩国也趁机攻打楚国的方城,杀死楚将唐蔑(或作唐昧),楚国宛(今河南南阳)、叶(今河南叶县)以北的土地全部丧失,被韩、魏两国分得。宛地是一个富庶的地方,是楚国北进中原的门户和其长期经营的战略要地,于是楚国就此失去了北进的道路。

秦昭襄王九年,大秦庶长奂继续统领秦军对楚国发动进攻,夺取楚国八座城池,楚国将领景快被斩。在秦军强大的攻势面前,楚怀王收到了秦昭襄王的来信,秦王要约楚怀王在武关相会,以结两国友好,改善两国关系。怀王接到信后再次陷入了优柔寡断的境地,去的话怕再次被秦人欺骗,不去,又怕失去缓和秦楚关系的机会,如果引起秦王大怒,那可能楚国还要遭受更严重的打击。令尹昭睢主张不去,认为已有的历史证实秦国是不可信任的,秦人有兼并诸侯的野心,楚国只要增加兵力防守就是;而怀王的儿子子兰却极力劝楚怀王前往,认为不应拒绝了秦人所给的机会。楚怀王相信了自己的儿子,于是决定前往。

秦昭襄王根本没有到武关,只派了一支军队在武关埋伏,并让统军的将领假冒秦王。楚怀王一进武关,秦军立即关门,把怀王劫持到咸阳,在章台朝见秦昭襄王,不以国君礼接待他,而把他当作一藩臣。怀王大怒,后悔未听昭睢的话。秦国把怀王软禁起来,要挟他割让巫、黔中郡给秦,以结两国之好。楚怀王也准备同意与秦结盟,但秦昭襄王却坚持要先割地后结盟。怀王十分生气地说,"秦国欺骗我又强迫要我给他土地",就坚决不给,秦国就把他关起来不让他回国。

楚怀王被囚在秦,国内大臣于是从齐国接回太子横立为王,就是楚顷襄王,并通知秦国,楚国已有新的国王了。

楚顷襄王元年(前298年),秦昭王见怀王不给他土地,楚国内又立了新王,就发兵出武关攻楚,大败楚军,再次斩杀楚军5万人,夺取析(今河南淅川)地十五座城而回。次年,楚怀王从秦逃走,被秦国发现,于是秦军堵塞了通往楚国的道路。楚怀王恐惧,便从他道逃到了赵国。赵惠文王年幼即位,他的父亲赵武灵王在代地未归,赵惠文王不敢让楚怀王进国。楚怀王打算逃到魏国,秦人追上,又再次把他劫持到了秦国。楚怀王受了这样的折腾和摧残,到了秦国就一病不起,楚顷襄王三年(前296年)死在了秦国。当秦国把楚怀王的尸体送回楚国时,楚国人人都感到悲痛,秦、楚关系也就此彻底破裂。

经过一系列的事件,诸侯国看到了秦人的反复、不讲信义,韩、魏

武关为古晋楚、秦楚国界出入检查处,与函谷关、萧关、大散关并称为"秦之四塞"

秦武关遗址

第四章 胜利东进:一统天下的军事传奇 | 177

当时是秦人的盟国,可是秦人对其照打不误,此次一个大国国王死在了秦国,可以说引起了众怒。秦昭襄王十一年,齐、韩、魏、赵、宋五大诸侯国联合攻打秦国,以遏阻秦军东进,迫使秦国求和,并归还韩、魏的部分土地。

秦昭襄王十二年,宣太后的异父弟弟、秦昭襄王的舅舅魏冉出任秦国丞相,开始主持对外军事行动。秦昭襄王十三年,未来的一代名将开始进入秦国的历史视野。大将向寿攻打了韩国之后,攻取魏国的武始,左更白起负责攻打新城。

昭襄王十四年,战功卓著的白起开始取代向寿为将攻打韩国和魏国。白起与韩、魏联军大战于洛阳龙门一带,此战俘获魏国大将公孙喜,攻占五座城池。在这场战役中,白起率领秦军出奇制胜,从后方包抄了韩、魏联军,在伊阙一战中一举斩首韩、魏联军24万人,韩、魏联军基本全军覆没,而魏国辛苦数年训练出来的精锐部队也就此被彻底歼灭,于是战国前期最为强大的魏国就此一蹶不振,再也没有发动大规模战争的能力。

此战不仅扫平了秦军东进的障碍,让白起声名鹊起,而且也成就了秦军有史以来战果最辉煌的一次胜利。而斩首24万人更是塑造了秦军残暴和杀人如麻的声名与形象。

秦军一连串的胜利一定提升了秦昭襄王的自信心和荣耀感,于是在秦昭襄王十九年,秦昭襄王自称"西帝",派遣使臣尊称齐湣王田地为"东帝"。齐王听从谋士之策,自去帝号,并约诸侯合纵攻打秦国。为了瓦解诸侯国的合纵,秦昭襄王主动取消帝号,恢复称王。虽然秦昭襄王去了帝号,但是秦国作为最为强大的、最具有杀伤力的诸侯国的事实已经是任何一个诸侯国也改变不了的了。

白起因为卓越的战功在次年被提拔为大良造,成为大良造后的白起继续统领着秦军攻城略地,并获得了楚国的宛城和叶城。秦昭襄王二十八年(前280年),秦国再次伐楚,白起先以汉北上庸之军夺取鄢、

战国时最为杰出的军事天才——秦军总指挥白起（剧照）

邓等五座城池（今襄州），而后秦军越过秦、楚边境山区，自断后援，分三路快速突进楚境，直围楚国的都城郢都（今湖北江陵西北的纪南城）。秦军孤军客战楚境，期于死地求生，趁楚王城池不修，武备废弛之机，直入楚国核心，并采用了决水攻城的战术攻克楚国别都鄢城，甚至焚烧了楚国先王的坟墓。随后秦军沿汉江东下，并最终成功攻陷了楚国的都城郢都。在强大的秦军面前，楚军溃不成军，楚顷襄王只好退却到陈（今河南淮阳），楚顷襄王将陈作为都城，仍称作郢。

楚顷襄王迁都到陈后，聚集楚国东地的武装，仅得楚军10余万人，向西虽夺回了被秦占去的十五个邑，但再也无法同秦国抗衡。经过秦国一连串的打击后，楚国一蹶不振，此后的楚国在秦军强大的攻势面前，都城不断地东迁，曾经最为强大的楚国此时只是等待着最终亡国的到来。公元前241年，楚国第四十五世国王考烈王将都城迁往寿春，也就是今天安徽的寿县，一直到公元前223年，楚国被秦国灭亡。

秦军攻陷了楚国的都城，楚国广袤的土地开始并入秦人的版图，于是楚人的郢都开始成为秦人的南郡。因为攻打楚国战功赫赫，因为"能抚养军士，战必克，得百姓安集"，故而白起被秦王封为武安君，此时的白起名震天下,而长平之战更是让白起的声名达到了一生的顶峰。

秦昭襄王四十七年,秦国的左庶长王龁(hé)攻打赵国,攻占了上党(今山西长治长子),赵国的大将廉颇心里知道不能硬战,便做严密的守垒相互对峙,等待机会进攻。然而历史就是这样充满了戏剧性,因为这时的赵孝成王认为廉颇坚壁不出是胆怯的表现,于是很轻易地中了秦人的反间计,武断任命赵括代替廉颇,最终导致赵国军队40万士兵在长平战场被秦军坑杀,只留下年纪尚小的240名士兵被放回赵国。

长平之战是秦军史上最为震撼的一场战役,也是歼灭敌军有生力量最多的一次战役。这次战役成功检验了秦军多兵种协同作战的能力,标志着秦军在军队建设各方面的成熟,也说明了秦军已经具备了一统天下的实力。

公元前259年,长平之战后,白起想乘胜进围赵都邯郸,攻灭赵国,于是分秦军为三路,继续扩大战果:一路由王龁率领攻占赵国的皮牢;一路由司马梗率领北上,夺取太原(今山西中部地区);一路由白起亲自统领,准备攻打赵国首都邯郸,想一举灭亡赵国。

秦军东取武安、北占太原的时候,韩国、赵国都异常恐惧。赵国与韩国合谋,派使者携带重金赴秦,游说范雎,范雎最终被赵国使者说服。范雎也是因为妒忌白起的功劳,所以以秦军疲劳应休整为由向秦王建议接受议和。秦王采纳了范雎的意见,允许韩国割垣雍,赵国割六城,达成和议。赵孝成王准备按和约割让六城时,却不料大臣虞卿认为割地与秦,秦势更强,赵"地有尽而秦之求无已",如此赵必将走向灭亡。于是虞卿建议以六城赂齐国,联齐抗秦。赵孝成王用其谋,派虞卿东见齐王建,商讨合纵抗秦计划,并借魏国使者来赵联络合纵之机,与魏订立盟约,同时将灵丘(今山西灵丘)封给楚相春申君黄歇,结好楚国,对韩、燕亦极力交好。赵孝成王还在国内积极发展生产,重整军备,进行着再一次抗秦的准备。而秦昭襄王的失策则直接导致了秦军崛起

赵括纸上谈兵（剧照）

之后少有的惨败。

秦昭襄王见赵违约不割六城，反而与东方诸国合纵对付秦国，遂于公元前 259 年 10 月，令五大夫王陵率军 20 万伐赵，直攻赵都邯郸。

公元前 258 年，平原君赵胜奉命出使楚国，成功游说楚王加入合纵攻秦的队伍。

魏安釐王派晋鄙率军 10 万救赵。秦昭襄王派人威胁魏安釐王说："诸侯中有敢于救赵者，败赵后首先攻先救赵者。"魏安釐王恐惧，命晋鄙大军暂停于邺（今河北临漳西南）观望。魏信陵君魏无忌依靠魏安釐王宠妃如姬盗得虎符，带勇士朱亥杀晋鄙，夺其兵权，并挑选 8 万精兵进击秦军，这就是"窃符救赵"。楚春申君黄歇亦率军救赵。秦军作战失利，秦昭襄王又令白起代替王龁为元帅，白起以身体有疾为由拒绝，不肯前行。秦昭襄王觉得白起心中有恨意，于是赐白起自尽，白起在杜邮（今陕西西安西北）被迫自杀。一个创造了秦军最辉煌的战争传奇的名将就这样令人唏嘘地陨落了。

公元前 257 年 12 月，魏、楚两国军队先后进抵邯郸城郊，进击秦

第四章　胜利东进：一统天下的军事传奇　｜　181

兵马俑博物馆一号坑军阵

军。赵国守军配合城外魏、楚两军出城反击。在三国军队内外夹击之下,秦军大败,损失惨重。王龁率残部逃回汾城(今山西侯马北),秦将郑安平所部2万余人被联军团团包围,只好降赵,邯郸之围遂解。魏、楚联军乘胜进至河东(今山西西南地区),秦军复败,退回河西(今山西、陕西间黄河南段)。此时韩国也加入合纵攻秦,赵、魏、楚、韩先后收复魏之河东郡以及安阳,赵之太原郡以及皮牢、武安,韩之上党郡以及汝南。

邯郸之战严重地消耗了秦国的实力，造成秦国军队近30万人的伤亡，推迟了秦国统一六国的步伐。如果没有邯郸之战的惨败，或许秦国一统天下的时刻会更早到来。仔细分析邯郸之战，尽管秦国处在独强的战略格局上，但是秦昭襄王在赵国内部团结、外部合纵抗秦形势已成的情况下，单纯从兵力对比出发，认为秦强赵弱，坚持攻赵，在战略上已属失策；而在初战失利、顿兵坚城时，仍一再增兵继续强攻，置魏、楚援军于不顾，在作战指导上亦欠稳妥，因而导致失败，推迟了灭亡六国的进程。秦国邯郸之战的失败表明,战争胜利的客观条件是否具备和主观指导的正确与否,对于战争胜负起着同样重要的作用。

秦昭襄王统治时期,秦人在政治、军事诸方面都取得了进一步的发展,特别是军事方面的成就。秦昭襄王即使较之后来的始皇帝也毫不逊色,他重用范雎、白起等人,为秦国的发展做出极为杰出的历史贡献。可以说,秦昭襄王时代是秦国发展史上最重要的决胜时代,没有秦昭襄王时代秦国对各国国力的沉痛打击和消耗,嬴政统一六国的时间肯定还要延后。虽然秦昭襄王遭遇了邯郸之战的巨大失败,但是秦人一统天下的意志和趋势已经没有人能够改变。各国在秦国的打击下,国力日衰,已经没有一个国家有能力对秦国单独发起一场战争。虽然邯郸之战,六国合纵胜利,但是它们无法整合为一个有力的整体,在自身利益面前,各国各怀心思,终究不免被秦国分化瓦解、各个击破。于是从秦昭襄王开始六国陆续被秦国所灭,就注定只是一个时间问题了。

这便是秦昭襄王时代对于秦人的重要意义,以及对于中国历史的意义。

汉代画像砖拓片
"轺车"

我国历史学家翦伯赞先生曾经说道,秦昭襄王末年"秦对六国的斗争已取得决定性胜利",这是非常精辟的论断。虽然秦昭襄王晚年独裁专断造成若干损失,听信应侯之言,丧失灭赵良机,冤杀名将白起,但这些都不能掩盖他的历史功绩,也不能掩盖这个时代秦国在各方面突飞猛进的事实。

秦昭襄王时代和秦孝公时代、秦王嬴政时代是秦人最终一统六国前并驾齐驱的重要时代。

邯郸之战是战国时期东方诸侯国合纵抗秦取得的第一次巨大胜利,此战导致秦国对六国执行全面打击政策的破产,也对秦国在之后一统天下的过程中如何谨慎地打赢每一场战役具有重大的警示意义。此后的秦国被迫改变策略,开始采取远交近攻、分化瓦解、各个击破的外交方针。

值得提及的是,在魏国的信陵君魏无忌于邯郸城下打败秦军的时候,秦太子嬴柱的儿子嬴异人正在赵国做人质,而赵国富豪吕不韦则用钱财资助他,同时将自己的爱姬给了秦异人。于是秦异人和赵姬的儿子究竟是秦异人的儿子,还是吕不韦的儿子成了历史上学者们争论的一个谜团,但是我们可以看出,无论是秦人的血性还是吕不韦的智慧与胆识,似乎都能够成就嬴政的意志与格局。

就这样,吕不韦带领着秦异人一家和施展自己抱负的梦想一起逃回了秦国。吕不韦准备用自己的财力和智商来一次政治上的赌博,能有胆量进行如此赌博的人,中国历史上恐怕绝无仅有。

此后嬴异人改名为嬴子楚,他的儿子就叫嬴政,就是这位嬴政最终完成了秦人数代人一统六国的梦想。

吕不韦——一位商人政治家对秦军的贡献

秦昭襄王去世后，太子嬴柱顺利即位，不幸的是即位后仅三天便去世，是为秦孝文王；之后太子秦异人即位，是为秦庄襄王。这个让吕不韦压上了自己全部身家作为政治赌注的秦异人终于成功登上了秦王的宝座，吕不韦赢了。因为秦异人的信任，吕不韦终于成为大秦的相国，他在政治上的抱负终于有了挥洒施展的空间。

秦异人没有忘记这位曾经在赵国落难时相助的恩人，一个甚至把自己的姬妾给了他的恩人。因为有患难之时的感情和信任，秦异人成为秦王不久便封吕不韦为文信侯，食邑河南洛阳十万户，门下有食客3000人，家仆万人。

有了吕不韦的辅佐，秦异人在位的三年，秦国进一步扩展了版图。

中国历史上有无数优秀的文人和政治家，也有无数卓越的商人，但是能够把文人、商人、政治家结合在一起的，几千年的中国历史上还没有几个人，而吕不韦便是其中最耀眼的一位。

秦异人，原名子楚。秦异人在赵国当人质的时候，生活窘迫，很不富足。来自阳翟的大商人吕不韦此时也来到了邯郸。吕不韦看到了秦异人，便以自己商人的敏锐眼光，看到了一笔非同寻常的投机生意，认

秦货币

为"子楚就像一件奇货,可以囤积居奇,以待高价售出",这就是成语"奇货可居"的来源。

  随后吕不韦便和子楚聊天,说秦王已经老了,安国君被立为太子,我私下听说安国君非常宠爱华阳夫人,华阳夫人没有儿子,能够选立太子的只有华阳夫人一人。现在你的兄弟有20多人,你又排行中间,不受秦王宠幸,长期被留在赵国当人质,即使是秦王死去,安国君继位为王,你也不要指望同你长兄和早晚都在秦王身边的其他兄弟们争太子之位啦。子楚也认为事实就是这样,问题是"该怎么办呢"?吕不韦便回答道:"你很贫窘,又客居在此,也拿不出什么来献给亲长,结交宾客。我吕不韦虽然不富有,但愿意拿出千金来为你西去秦国游说,侍奉安国君和华阳夫人,让他们立你为太子。"落魄中的子楚感动异常,并承诺如果实现了这个计划,他愿意将秦国的土地和财富与吕不韦共享。

  吕不韦为子楚拿出了一笔不菲的生活费,作为日常生活和交结宾客之用;又拿出一部分资金带着去秦国游说。吕不韦首先拜见了华阳夫人的弟弟阳泉君,然后把带来的东西统统献给华阳夫人,并借机会

第四章　胜利东进:一统天下的军事传奇

谈及子楚聪明贤能,所结交的诸侯宾客遍及天下,并且把夫人看成亲生母亲一般,日夜哭泣,思念太子和夫人。华阳夫人终于被感动,吕不韦的第一步棋走赢了。

然而历史就是这样充满了不确定性。秦昭襄王五十年,秦将王龁率领秦军攻打邯郸,赵王决定杀死秦国的人质子楚,这时又是吕不韦营救了子楚。吕不韦拿出了自己的六百斤金子送给了守城官吏,秦异人险中求生、得以脱身,终于逃到秦军大营,顺利地回到了秦国,并最终通过吕不韦的帮助一步步成为秦庄襄王。

秦国的发展壮大一直是勇往直前的血性成就的,唯有这一次,一统天下的推动者却是因为一段落魄中酝酿的阴谋。没有吕不韦,秦异人可能会被赵王杀死,也就不会有始皇帝的生命。如果是其他的王储即位,那么他们是否能有嬴政的手腕和格局?秦国一统天下的历史是否又要延后很多年?

秦昭襄王之后,始皇帝之前,正是吕不韦这位投机成功的一代卓越的商人辅佐两代秦王成就着秦军继续一统六国的功绩。

秦昭襄王五十一年,秦军攻打西周,周赧王听西周公之言,以西周三十六城、三万户降秦,秦王将周赧王贬爵为君,西周公为家臣,封于梁城(今陕西韩城南)。赧王至梁城一月而死,国除,置九鼎于咸阳,自次年起史家以秦王纪年,但东周仍在。秦庄襄王元年,也就是公元前249年,趁着秦庄襄王即位不久,东周欲趁秦国连丧昭襄、孝文两代秦王之悲而合纵伐秦,"东周君与诸侯伐秦,王使相国率师讨灭之。周既不祀,周比亡"。秦庄襄王以新任丞相吕不韦为大将,率精兵10万,执东周君而归,尽收巩城等七邑,"尽入其国","东西周皆入秦,周既不礼"。从此,周王朝彻底灭亡。周王朝的灭亡不仅使秦国取得了河南(今河南洛阳)等通往东方的战略要地,最重要的是结束了延续八百年之久的天下共主的名义上的正统统治,为吕不韦提出秦军作为"义兵"一统天下确立了师出有名的合法性。

周王朝灭亡不久,面对合纵攻秦的诸侯国,吕不韦一鼓作气,主动出击,派遣大将蒙骜东向伐韩,攻占成皋(今河南荥阳西北),秦的边界逼近魏的大梁(今河南开封),并在此地建立了三川郡(黄河、洛水、伊水之间),中原的心脏地区从此为秦所占有。公元前249年至公元前248年,秦完全占有了韩、魏上党郡(今山西东南部),并北向攻赵,设置了太

咸阳宫(计算机模拟复原图)

第四章 胜利东进:一统天下的军事传奇 | 189

原郡。至此秦占有了太行山以西地区,进出太行山的要道都控制在秦军的手中。

秦昭襄王时期的邯郸之战后,赵国转危为安。信陵君魏无忌救赵有功,但他窃取魏王虎符,击杀大将晋鄙,害怕魏安釐王降罪,不敢再回魏国,命令副将率军回魏,自己率领宾客停留在赵国。秦王听说信陵君留赵,认为这是攻魏的大好机会,令大将蒙骜率领秦军东向攻魏。魏兵在强大的秦军面前屡次战败,完全不能抵挡秦军进攻的锋芒。秦军一路攻城略地,先后攻克魏国的高都(今山西晋城)、汲县,赵国的榆次(今属山西)、新城(今山西朔州南)、狼孟(今山西阳曲),一共夺取赵、魏三十七座城池。随着秦军的逼近,着急的魏王不得不派使者持黄金彩币,隆重邀请魏无忌回国抗秦。

秦庄襄王三年,信陵君回国后,魏王免其窃符杀将之罪,授上将军印,命其抵抗秦军。在强大的秦军面前,信陵君致书各国,请求派兵援魏。赵、韩、燕、楚等国国君素来敬重信陵君,便在此危急之时纷纷派遣军队来到魏国,由信陵君节制,只有齐国不肯发兵。所以信陵君只好率领魏、赵、韩、楚、燕五国联军攻打秦军,秦军败退。在规模庞大的联军面前,秦军被逼到河外,最终被包围。信陵君亲冒矢石,率先冲锋。全军士气大振,紧随冲锋。秦军一时阵营混乱,蒙骜因腹背受敌,被迫西退。联军乘胜攻至函谷关(今河南灵宝北),秦军紧闭关门,坚守不出。双方相持逾月后,五国联军撤回。

这是嬴政即位之前诸侯国最后的一次合纵抗秦的战争,也是战国时代诸侯国合纵的最后一次胜利。秦庄襄王在位三年就不幸去世,年幼的太子嬴政即位,吕不韦以仲父、相国的身份辅佐这位未来的始皇帝开始经营秦军和一统天下的大业。

于是诸侯国就要开始面对一位商人、文人政治家和血性刚毅、意志极为强大的一代新的秦王。在前人开拓的版图和奠定的基业之上,吕不韦和嬴政将开拓出秦人前所未有的功业,而在近百年的战争之火

汉代武氏祠石刻（局部）

中崛起的秦军将是他们完成使命的根本和保障。

身为丞相的吕不韦，面对着诸侯国的抗秦依旧采用远交近攻的方针，五年间攻魏四次，攻韩三次，攻赵一次。全部占领韩上党郡，并重建太原郡，切断了燕、赵与魏、韩之间的联系，并在战略上造成对赵、魏、韩三国侧翼包围的态势。

吕不韦以商人的眼光发现了一次风险极大的投机机会，并以超人的胆识和才能获得了这次投机的成功。于是一个商人开始用自己的谋略和智慧在诸侯纷争的时代纵横捭阖地施展着自己的政治抱负。

秦王政六年，即公元前241年，秦军继续对魏国进行连番进攻，导致魏国失去了大片的土地。魏王感到单凭魏国难以抵挡秦军，便接受大臣建议，遣人出使赵国，与其结盟，并提出再建抗秦合纵。随后赵、魏、韩、燕、楚看到自己逐渐被秦军围困的局面，为了打破不利局面，韩、燕、楚也加入到合纵的队伍中来，于是诸侯国的合纵再次组成了五国联军，共推赵将庞暖为帅，开始对秦军进行反击。秦军新占领的区域比较广袤，兵力分散、人心不稳，所以五国联军开始进军顺利。随着联军的深入，庞暖认为攻秦之师屡向西进攻，均在函谷关(今河南灵宝北)被阻，不如绕道蒲阪(今山西永济西南)，南渡河水(今黄河)，迂回至函谷关后，可以出其不意，一举打败秦军。于是五国联军分路出蒲阪，进展顺利，至蕞(陕西临潼东北)地与吕不韦所率秦军相遇。

面对五国联军，冷静睿智的吕不韦分析认为，联军中楚军远来，军士疲惫,战斗力不强,但楚为大国,影响较大,如楚军战败,则联军必不战自溃。于是吕不韦决定以秦军的精锐部队趁联军夜间疏于防范之机,突袭楚营。出乎意料的是,楚军知道后竟然自行东撤,四国军队闻楚军先退,军心就此动摇,联军诸将也就皆请退军,庞暖只好应允。于是,韩、魏、燕之军先后回国。于是诸侯国最后一次合纵就这样不欢而散,从此诸侯国之间再也无法形成强大的合纵来对抗越来越强大的秦军,诸侯国被秦军攻灭的时间也就不远了。

而吕不韦也因此成为中国历史上经过商、从过政、打过仗,还编过书的少有的影响中国历史的著名政治家。作为即将一统中国的大秦国相,吕不韦很敏锐地认识到天下大势终归于秦的必然性,这应该也是自己最初投机秦异人的根本原因。为了实现自己的政治抱负,同时为秦王治理统一后的大帝国提供智慧和理论支持,吕不韦召集门客三千,开始纵览春秋战国以来诸子百家治国治军的思想精华,以此为自己和秦王治国治军提供智慧和借鉴。因为吕不韦是这部著作的发起人和总监制,因此这部著作被称为《吕氏春秋》。

虽然《吕氏春秋》在写作内容上为杂家代表著作,但其主导思想体现了吕不韦这位主编和总监制的政治倾向和观点。可以说,汇编《吕氏春秋》这样思想庞杂的鸿篇巨制让吕不韦在历代文人中产生了巨大的影响。这部恢宏的巨著不仅反映了战国时期诸子百家经邦治国的思想和学术成就,也反映了吕不韦本人宏厚的文化底蕴和极具魅力的文人气质。

为了给秦国一统天下的大业和统一后的帝国提供全方位的治国治军智慧,这部汇集百家思想的巨著博采众长:承继了儒家"德政"和"重民"的思想,摒弃了儒家一些不切实际的空谈;批判墨家的"非攻""救守",却赞同墨家"尊师""节葬"的主张;吸收法家的"变法""耕战",但反对法家一味地强调"严刑峻法"。《吕氏春秋》为了给秦军一统天下创造合法的理论依据,认为战国作为一个乱世是因为"诈术并行、攻战不休",并提出了"一则治""异则乱""乱莫大于无天子"的思想,从而为"新天子"出现创造了理论上的必要性与合法性,秦军也因此具有了"义兵"的出师之名。

在国家治理方面,《吕氏春秋》以黄老思想为中心,"兼儒墨,合名法",提倡在君主集权下实行无为而治,顺其自然,无为而无不为,这一思想对治理被战争摧残百年后最终大一统的崭新国家来说极为重要,它可以缓和原有诸侯国与政府的社会矛盾,让饱受战争之苦的百姓获得休养生息的机会。

《吕氏春秋》既是吕不韦的治国纲领,也是吕不韦给即将亲政的嬴政提供的执政的智慧和借鉴。可惜的是,由于吕不韦个人的过失,导致嬴政对这部书弃而不用,没有实现这部巨著原本创作的最终目的,因而统一六国后的始皇帝非但没有实行无为而治,反而继续开疆拓土,启动了越来越浩大的各种建筑工程,对民力财力的消耗都透支着百姓对这个王朝的期待和信任。嬴政承"六世之余烈"信任,最终实现了秦人数代人拼搏的梦想,却同时因为对帝国过度的消耗而葬送了秦人数百年拼搏才打下的基业。

虽然始皇帝没有借鉴《吕氏春秋》的智慧精华,我们却可以根据这部书了解到战国时期诸

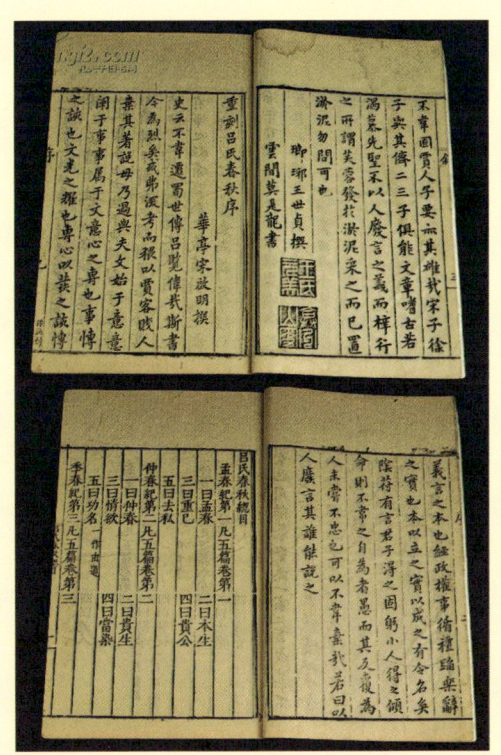

《吕氏春秋》明代精刻本

子百家的学说状况,也能看到此时吕不韦的门客对战国时代军事思想的总结和阐述,这些军事思想的阐述对吕不韦作为丞相建设和发展秦军具有极为重要的指导意义,也是我们认识这个时期秦军建设的一个视角。

我们知道,进入春秋以后,列国纷争,战争不断。战争直接为军事家们研究战争规律和用兵之道提供了材料,可以说战争直接熏陶和培养了这一时期的诸多军事家,他们的著作反映了他们对战争的看法,也反映了他们对用兵之道的真知灼见。其中成就达到最高峰的便是春秋末期吴国孙武所著《孙子兵法》。《孙子兵法》的问世说明了这一时期的军事思想已经发展得相当成熟,对后世的影响也相当深远,同时它也是人类军事思想史上的第一座里程碑。到了战国时期,又接连出现

出土的兵器上刻有义子

了《吴子兵法》《司马法》《孙膑兵法》《六韬》《尉缭子》等兵书,这些兵书在继承《孙子兵法》思想的同时,又有自己新的见解和发展。而《吕氏春秋》结合已有的"义兵"思想,指出在历史发展的大势面前,秦军一统天下的兼并战争将是不可避免的,强调将要一统天下的秦军乃是"讨暴安良"的义兵,并阐述了军队士气和精锐部队在战争中的作用,以及随敌情变化制定战略战术等思想。

此外,令我们感到额外幸运的是,我们在秦始皇兵马俑的考古中发现了刻有"吕不韦戈"字样的兵器,这些字迹准确地记载了兵器生产的时间。我们据此可以确认,吕不韦作为丞相,不仅指导了秦军的军队建设,而且同时也担任了整个秦军兵器生产的总监制。吕不韦可能以自己在军事领域的素养和认识对秦军的军队建设提出了自己的要求,秦军兵器的标准化生产很可能就是吕不韦推动的结果。

兵马俑坑中考古发现的秦军兵器可以让我们看到,秦军的兵器工业化、标准化生产在吕不韦的主导下,已经发展到了相当的高度。此时的秦剑已经比六国的长剑长30厘米,秦弩的射程已经能够达到300米,并且拥有和现代的子弹原理相同的箭头。这些青铜箭头的三个面做放大投影,放大20倍,轮廓误差不大于0.15毫米。秦军兵器的工业化和标准化是秦军强大的重要标志,秦军"带甲百万",持有的武器却具有同样的规格和标准。不仅仅是同一时期的秦军持有相同规格的武器,即使相隔数十年的时间,秦军的兵器也是在完全相同的规格下进行生产的,这也正是秦军在战场上所向披靡的重要原因。秦军兵器工业的先进极大地提高了秦军的战斗力,在秦军具有优势的锐利兵锋下,六国军队更是无法与秦军进行持久的大规模对抗。秦军一统天下的步伐也因此被大大加快。而吕不韦无疑对嬴政亲政前的军队建设做出了巨大的贡献,更是为嬴政一统天下留下了一支更为强大的秦军。

"秦灭六国,盖始于魏冉,而成于吕不韦、李斯",司马迁在《史记》中对吕不韦的这个评价可以说是中肯的,也是符合历史事实的。秦始皇的统一中国与吕不韦的功业是有密切联系的。同时,吕不韦不仅为秦国攻灭六国完成了所有的战略准备,也全方位地提升了秦军的装备与素养,也为秦的统一事业做了舆论的准备。

此后,秦军攻灭六国、一统天下就只是一个时间问题了。

数代人对秦国版图的扩张、国力的发展和对秦军的军队建设以及对六国国力的消耗与打击,最终在嬴政的时代走到了瓜熟蒂落的程度。六国再也无法抵抗所向披靡的秦军,秦军兵锋所指、一统天下的时刻很快就要到来。

秦军经过一百多年的积累和洗礼,将在嬴政的时代完成一统天下的使命,强大的秦军让秦人完成一统天下的霸业仅仅用了十年的时间。

始皇帝——一统天下的军事传奇

公元前247年,秦庄襄王驾崩,13岁的秦始皇被立为秦王,这时吕不韦为相,封十万户,号曰文信侯,国政皆由相邦吕不韦主持,并尊吕不韦为仲父。

公元前238年,秦始皇在雍城蕲年宫举行冠礼,嫪毐动用秦王玉玺及太后玺发动叛乱,攻向蕲年宫。秦王政早已在蕲年宫布置好三千精兵,打败叛军。嫪毐一人落荒而逃,不久便被逮捕。嬴政将嫪毐车裂,曝尸示众;又把母亲赵姬关进雍城的棫阳宫;摔死了嫪毐与太后所生的两个私生子。因为嫪毐为吕不韦所荐,次年嬴政免除了吕不韦的相职,把吕不韦放逐到巴蜀,吕不韦自知已无力回天,便饮毒酒自杀。

从嬴政亲政那一刻起,不再有吕不韦的影响,年轻的嬴政要以自己的智慧和意志来指挥一支强大的军队,来统领这个国家完成一统天下的使命。从亲政到正式开始攻灭诸侯国,嬴政准备了八年的时间。在这八年的时间里,嬴政以自己的手腕和判断处理着王朝的事务,积累着秦军攻灭六国的资本。或许有两个故事可以说明这位年轻的秦王的心智、胸怀或者处理政务的风格。

公元前246年,年轻的秦王嬴政刚刚即位,屡遭秦军打击的韩国便想趁此时机诱使秦国把人力物力消耗在水利建设上，无力进行东伐。韩桓惠王便派水工郑国到秦国执行"疲秦"之计。郑国给秦国设计兴修引泾水入洛阳的灌溉工程。在施工过程中，韩王的计谋暴露，秦要杀郑国，郑国说：当初韩王是叫我来做间谍的，但是，水渠修成，不过为韩延数岁之命，却能够为秦建立万世功业。年轻的嬴政认为这是事实，虽然修建一个水渠要消耗一些秦国的财力、人力，却可以因此把关中永久地变成大粮仓，永久地解决秦国腹地的粮草供应问题。因此郑国的话是正确的，所以年轻的嬴政赦免了郑国，让他继续主持这个可以为秦人带来千秋福利的工程。十年后郑国渠修建完成，郑国渠开始灌溉关中的田野，秦人开始享受这条大渠所带来的利益。

另外一个故事的主角因为自己成功上书而获得了继续效力秦国的机会，并因此在秦王朝一统天下的这样一个辉煌时期担任了大秦的丞相。虽然最后并没有善终，但是他依然辅佐嬴政为秦国一统天下做出了贡献，他就是李斯。故事的起因就是因为秦人发现了来自韩国为秦人修建水利工程的郑国是一个奸细，于是秦王大怒，当即便在盛怒之下做出了一个冲动的决定：所有来自六国的客卿均予以驱逐。来自楚国上蔡的李斯自然也在被逐之列，于是从自身利益和秦国利益的双重角度考虑，李斯决定上书秦王，这就是著名的《李斯荐逐客书》。这次上书让年轻气盛的秦王冷静了下来，明白了秦国的崛起和强大正是海纳百川、兼收并蓄才有的结果，于是所有为大秦效力的六国客卿可以继续为秦王朝服务，秦以自身的强大而吸引和会集的六国人才也成了秦国一统天下的人才保障。

这两个故事可以看出年轻的嬴政是一个明辨是非、心智成熟的政治家，一切决策的前提便是这个决策是否能够有利于秦国的利益。后世儒生对于秦始皇的丑化让人们忘记了一个真实的始皇帝。有人骂他暴君，可他在位三十七年没有妄杀过一位将军大臣；有人斥他严刑峻法，可他制定了世界上最早保护人犯权利的法律；荆轲行刺，他怒火万

兵马俑博物馆军阵中的骑兵和战马

丈,可秦军攻占燕国却没有报复性屠城;他攻灭六国,却并没有杀掉六国的王公大臣,相反自己却被六国贵族夷灭三族。如此说来,嬴政无论和后世的帝王相比,还是和揭竿而起的那些六国后裔相比,都是更为仁慈的君主。我们的始皇帝的缺点应该是有些过于急功近利,统一六国后并没有实施吕不韦提出的休养生息的国策,而是必须让自己新建的帝国呈现自己所期望的宏伟和霸气,他认为修建诸如秦直道、长城这样的浩大工程才能够让人们看到一个具有开山填海般气魄的英雄,或许攻灭六国的历史重任也正需要这样一位意志坚定、毅力强大英雄般的人物来完成。

那么年轻的秦王如何来准备和实施攻灭六国的计划?

秦国之力,消灭六国中的任何一个是不成问题的,甚至对付两三个国家合纵起来的力量也不是问题,但是六国要是联合起来共同对秦,结果就不好判断了。所以摆在秦王面前的棘手问题是,如何能使六国不再合纵,让秦军以千钧之势,迅速制服六国,从而避免过长时间的战争消耗国力。离间东方国家,虽然是秦国一直以来的传统做法,而且李斯等人正在从事这项工作,但是采用什么方法更为有利,具体怎么实施,仍是一个很棘手的问题。

李斯为秦王提出的灭六国的建议是"先灭韩,以恐他国",同时派

秦始皇帝陵

人持金玉去各国收买、贿赂各国的谋臣,以影响各国对外的大政方针,从而达到离间六国君臣,为秦国逐个击破创造时机。因此韩国成了秦灭六国中第一个被攻灭的国家。那么谁来为年轻的秦王谋划、主持和实施这些战略?

经过数百年的洗礼和磨炼,秦军猛将如云,可是能够熟通军事理论、指挥这支军队的军事家和统帅却没有。吕不韦虽然博学大气,甚至熟悉兵法和战略,也能够亲自带兵打仗,但是可惜因为涉入后宫的是非而被撤丞相之职,于是统领和实施秦军战略的主帅便开始缺席,年轻的嬴政也就开始注意搜寻新的人选。

攻灭六国、一统天下,这甚至是曾经灭商的周王朝都不曾面对的历史局面,年轻而睿智的秦王深知这一点,他不想打无准备之仗。他必须寻找一位思虑周全、深谋远虑的军事家和谋臣来帮助自己实现中国历史上前所未有的统一大业。

嬴政十年,魏国的大梁人缭来到了秦国,作为兵家的代表来到大秦国游说。魏缭向年轻的秦王提出了秦国攻灭六国的策略:以秦国的强大,诸侯好比是郡县之君,我所担心的就是诸侯合纵,他们联合起来出其不意,这就是智伯(春秋晋国的权臣,后被韩、赵、魏三家大夫攻灭)、夫差(春秋末吴王,后为越王勾践所杀)、闵王(战国齐王,后因燕、赵、魏、秦等联合破齐而亡)之所以灭亡的原因;希望大王不要爱惜财物,用它们去贿赂各国的权臣,以扰乱他们的谋略,这样不过损失三十万金,而诸侯则可以尽数消灭了。

魏缭提出了秦王最担心的问题,秦王觉得此人不一般,此人应该就是自己千方百计寻求的人,于是秦王对他言听计从。不仅如此,为了显示恩宠,秦王还让魏缭享受同自己一样的衣服饮食,每次见到他,总是表现得很谦卑。但见识多广、善于识人的魏缭认为秦王面相刚烈,有求于人时可以虚心诚恳,一旦被冒犯时却会变得极为残暴,对敌人也会毫不手软。魏缭认为这样的秦王欠缺照顾天下百姓的仁德之心,多次尝试逃离秦王为他安排的住处。年轻气盛的嬴政勃然大怒,本欲杀之,但在廷尉李斯的劝解下最终同意让李斯将其追回,并在李斯的建议下授以国尉之职,魏缭就这样成了秦国国尉,并以官职为姓,改掉了原来的姓,成为了历史记载中的"尉缭子"。

于是李斯和尉缭子成为辅佐年轻的秦王一统六国的文臣武将。

而尉缭子对秦王的印象最后由司马迁记载了下来:"秦王为人,蜂准、长目、鸷鸟膺、豺声,少恩而虎狼心,居约易出人下,得志亦轻食人。我布衣,然见我常身自下我。诚使秦王得志于天下,天下皆为虏矣。不可与久游。"尉缭子的这段话

秦始皇帝陵

也是历史上关于秦始皇面容的最早记录。

尉缭子以军事家的素养和身份指导了这一时期秦军的建设和发展。其所著《尉缭子》一书,在古代就被列入军事学名著,受到历代兵家推崇,与《孙子》《吴子》《司马法》等著作在宋代被并称为"武经七书"。尉缭子所著的兵书不但在军事理论上有所发展,而且保存了战国时期许多重要军事条令,这是为其他兵书所少见的,是我们研究战国时期军事条令的重要文献。同时这部著作可以让我们看到这位在关键时刻接替吕不韦统领和指导秦军的军事家的素养和思想。

尉缭子认为所谓"兵者,以武为植,以文为种,武为表,文为里,能审此二者,知胜负矣",并指出没有良好的政治,就不能有强大的军事力量,而军事又是解决政治问题的手段。尉缭子反复强调发展生产对于军事的重要意义,指出治兵者要以耕、织为治国之本,"夫在耘耨,妻在机杼,民无二事则有储蓄",民富国强,本固兵坚,方能守必固,攻必克,我们可以看出这是对商鞅"耕战"思想的继承和发展。

尉缭子认为存在着两种不同性质的战争,反对杀人越货的非正义战争,支持"诛暴乱、禁不义"的正义战争,并明确指出"凡兵,不攻无过之城,不杀无罪之人";关于进行战争的战略战术,尉缭子强调对战争要有全面的认识,指出有道、威胜、力胜等三种不同而又相互联系的取胜策略,认为懂得了这三种取胜的办法,就全面地掌握了战争的主动权。他指出战争中将帅指挥的重要性,"权敌审将,而后举兵""将帅者、心也,群下者、支节也",就是要正确分析敌情,依据敌情的具体特点来慎重选择自己的将领,而后出兵;将帅与士卒之间,要如心(大脑)与四

咸阳宫（计算机模拟复原图）

肢那样协调一致，成为一个整体，方能谋略高明，机智果断地进行正确指挥。他主张治军必须先立法制，并要执法严明，才能整齐统一，高山敢越，深水敢渡，坚阵敢攻，做到"天下莫能当其战"。对违背军纪、军令者要施以重刑，严惩战败、投降、逃跑的将领和士兵，使上下畏惧，专心向敌。在具体的战术上，尉缭子还实践了当时最先进的方法，如在列阵方面，他提出：士卒"有内向，有外向；有立阵，有坐镇"，这样的阵法，错落有致，易于调动、便于指挥。这一点我们从秦始皇陵兵马俑坑中秦俑的不同姿势可以得到印证，所以我们可以确认尉缭子浑厚的军事积累和素养对这一时期秦军的建设和发展起到了至关重要的作用。

公元前230年，秦王政十七年，也就是年轻的嬴政亲政后的第七年，从这一年开始，秦军开始攻城略地，向着东方六国不断发起了攻

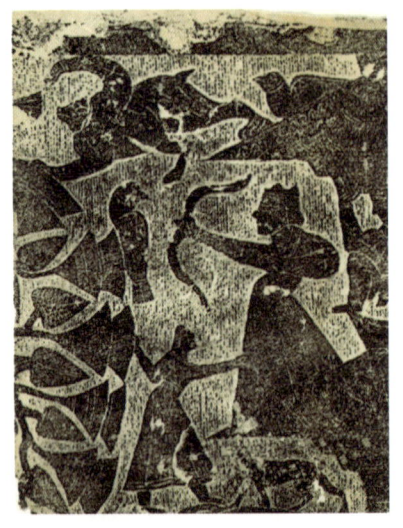

汉代武氏祠石刻上军队作战的场景

汉代武氏祠石刻画像（局部）"荆轲刺秦王"

击。经过近百年的积累，秦人拥有了广阔的版图可以为秦军提供充足的粮草，除了战争的洗礼和磨炼让秦军的战斗力不断提升之外，秦人以强大的国力和开放的胸怀吸引和会聚了六国的精英人才，让秦国的国力在各个方面都达到了前所未有的强大；而六国在强大的秦军面前，却不断地丧失国土、消耗着国力。

在秦军的铁骑面前，六国被攻灭的命运已经无可挽回；在强大国力的支撑下，在文臣武将的谋划下，秦军一举攻灭六国的时刻已经到来。

公元前230年，内史腾率领秦军突然南下渡过黄河进攻韩国，一举攻克韩国的都城新郑，俘获韩王安，继而占领韩国全境，灭亡韩国。秦国遂在韩地设置颍川郡，建郡治于阳翟，也就是现在的河南禹州。

韩国被秦军攻灭的同时，赵国发生大旱灾。秦将王翦率领秦军直下井陉，秦将杨端和率领河内兵进围赵都邯郸。赵王派李牧、司马尚带领大军抵御。赵王宠臣郭开受了秦国贿赂，散布流言说李牧、司马尚谋反。赵王因此改用赵葱和颜聚替李牧、司马尚，并且非常草率地处死了李牧。公元前229年王翦率秦军大破赵军，俘虏了赵王。赵公子嘉率领其宗族数百人逃到赵的代郡，自立为代王。秦就在赵都邯郸一带建立邯郸郡。

韩国的灭亡、赵国的流亡让燕国感到了唇亡齿寒。公元前227年，燕国太子丹派刺客荆轲到咸阳,以献督亢地图和樊於期首级为名,准备行刺秦王政,这就是历史上著名的"荆轲刺秦王",结果荆轲行刺失败,被秦王所杀。秦王因此大怒,于是派大将王翦和辛胜开始攻打燕国。李信率领先遣部队最先抵达易水河畔,燕、代两国发兵抵抗,李信以轻装骑兵突进大败燕太子丹,迫使燕太子丹逃入燕都蓟城坚守不出;次年秦军攻下燕都蓟城,燕王喜迁都到辽东。秦将李信带兵追击,燕王喜听从代王嘉的计策,杀了太子丹,把太子丹的人头献给秦求和,但并不能因此而阻止秦军前进的脚步。

公元前225年,嬴政派大将王翦的儿子王贲攻打魏国,包围了魏都大梁,因为大梁坚固的城防,王贲便引黄河水灌大梁城,三个月大梁城坏,魏王出降,魏国灭亡。这是开封历史上第一次因为战争被洪水所淹。

就在魏国灭亡的这一年,秦王准备马不停蹄地攻灭六国中最为强大的楚国,因此极为慎重地召开了御前会议,讨论攻灭楚国的方案。于是嬴政便问众位大将,攻灭楚国究竟需要多少人马?年轻的李信自称20万大军即可攻灭楚国,当问及老将王翦时,王翦思虑一番后慎重地回答灭楚之战,秦军必须60万不可。于是秦王认为王翦老矣,才有所胆怯,而李信则年轻勇敢果断。于是秦王命令李信任主将,蒙武为副将率领秦军开始攻打楚国。李信制订了作战计划之后首先攻打楚国的平舆(今河南平舆县北),蒙武率领秦军攻打楚国的寝(今安徽临泉)。因为秦军强大的战斗力,两位大将在各自的战场都取得了初步的胜利,然而接下来,年轻的李信便犯了一个严重的错误,李信乘胜攻克鄢郢之后见楚军没有动静,便错误地率领部队向西进军,想与蒙恬在城父(今河南平顶山北)会师。当时楚国名将项燕率领楚军乘机积蓄力量,尾随跟踪追击李信军队,连续三天三夜不曾停息,结果大败李信的部队,攻入两个秦军军营,杀死了秦军七名都尉,李信军大败而归,嬴政因此勃然大怒。

秦始皇陵墓地理位置图

　　李信军事经验的不足导致了秦军一统六国的战争中出现了少有的一次失败,此后李信也就失去了再次做秦军主将的机会。

　　李信败归之后,有些后悔而惭愧的秦王放低了姿态,乘车亲自赶往频阳,也就是现在的陕西省富平县,向休养在家的老将军王翦赔罪,表示后悔没有采用老将军的计策,而任用李信,使秦军蒙受了不该有耻辱。

　　于是王翦在嬴政亲自邀请的情况下重新出山成为秦军统帅,指挥这场秦灭六国中最为至关重要的一战。楚国作为六国中国力最为强大的国家,如果楚国被攻灭,也就意味着秦军一统天下的使命不久就要完成了。

　　这一次,嬴政让王翦如愿统领了60万秦军,人数之众甚至可以说

是秦国的举国之兵。在这样的情况下，深谙王者心思的王翦在行军的过程中不断地向秦王邀功请赏，以表示自己忠君不贰、义无反顾的赤诚，秦王也就可以放下心来等待老将军胜利归来的消息。

秦王政二十三年（前224年），王翦率大军取道陈丘以南抵达平舆。楚国人闻王翦增兵而来，便出动国中的全部兵力抵抗秦军。王翦下令坚守营寨不与楚军交锋。楚人多次到营前挑战，秦军始终不出战。王翦每天就是让士兵休息、洗沐，享用好的饮食，安抚慰问他们，并与他们共同进餐。这样过了很长一段时间，王翦派人打听："军中进行什么嬉戏啊？"士兵回答说："军士们正在玩投石、跳跃的游戏。"王翦便说："这样的军队可以用来作战了。"此时动用了举国兵力的楚军既然无法与秦军交锋，便开始向东撤退，而更为真实的一个原因，便是楚国发动举国之兵参战，最后却发现此时的国力根本无法为这些军队提供充足的粮草，于是只能向东撤退。此时王翦认为追杀楚军的时机已经到来，便令秦军将士发起突击，大败楚军，直追至蕲县之南，最终斩杀了楚国将军项燕，楚军于是溃败逃亡。王翦乘胜夺取并平定了楚国的一些城镇。第二年，秦军攻入楚都寿春，俘获楚王，楚国就此彻底灭亡。秦于楚国故地设立了九江郡（今安徽寿县）、长沙郡（今湖南长沙）。

公元前222年，秦王派王贲再次攻打辽东的燕国，虏燕王喜；接着又回师攻代，虏代王嘉，建立代郡（今河北蔚县西南）和辽东郡（今辽宁辽阳老城区），燕国和赵国就此彻底灭亡。

公元前221年，秦将王贲以灭燕的胜利之师从燕国南下攻齐，齐国不战而降，秦军兵不血刃攻占齐国都城，并在齐旧地建立了齐郡（今山东淄博东北)和琅邪郡(今山东胶南西南夏河城)。

秦国从公元前230年起,到灭齐时止,首尾十年,陆续兼并了六国,在占领的区域设置郡县,直属于秦王,从此结束了贵族王侯专政的王国时代。

从公元前221年开始,列国纷争不再是中国历史的主流,中华民族从此开始了大一统的帝国时代。经过数百年的积累和秦人数代人的拼搏,嬴政最终将中国历史带到了前所未有的转折点上。历史上伟大的转折点不多,而秦人以自己的血性和果敢为自己赢得了历史的荣耀。

嬴政也认为自己一统天下的功业可谓高过上古的三皇和五帝,于是开始自称"皇帝",并认为自己的天下可以千万世传下去,所以便自称"始皇帝"。

虽然始皇帝的功业荣耀千古,但是没有采纳吕不韦在一统天下后实施休养生息的政策,继续开疆拓土,实施着过于消耗财力和国力的浩大工程;而秦军也不能歇息,必须继续南征北战,最终在帝国命运的关键时刻,这些军队未能及时成为挽救帝国的主力,而导致秦帝国二世而亡。

始皇帝将秦人的功业带到了前所未有的高度,同时这些功业也耗尽了一个帝国应有的活力。于是在历史的关键时刻,百姓们揭竿而起,曾经的六国后裔更是云起响应,灭亡成为了帝国的宿命。

第 五 章

与子偕行：不能被遗忘的辉煌

秦人攻灭六国之后，依然没有停止进军的步伐，彪悍的匈奴人成了秦人进军的下一个目标，秦人的军队以自己先进而强大的军事成就很快顺利打退了匈奴人的进攻；为了快速地向北方前线派遣军队和传递军情，始皇帝修建了中国历史上最宏伟的高速军用公路——秦直道；当北方的边疆稳定之后，始皇帝的目光投向了南方遥远的丛林之中，于是50万秦军主力陆续被派遣到了南方前线；为了快速补给南方前线，始皇帝再次让秦人完成了又一项巨大的航运工程——灵渠。

不朽的工程——灵渠、长城与秦直道

公元前219年,在遥远的南方,今天广西的桂林一带,一支秦国军队正在这里驻扎。

在指挥部的营帐里,秦军统帅屠睢给远在咸阳的秦始皇写信:皇帝陛下,战事进展顺利,岭南之地不日即可归附,天下即将一统……

两年前,中原六国相继灭亡,黄河和长江一带已经并入秦国的版图。但是,南方珠江流域的大片土地仍然飘摇在外。秦始皇一声令下,50万秦军起程南下,大军没有遇到抵抗就迅速推进到桂林。

然而,战争的发展开始超出屠睢的意料。顽强的土著人神出鬼没,他们白天躲藏,晚上出来偷袭秦军。加上丛林中瘴气弥漫,毒虫遍地,远征的秦军将士疲惫不堪,经常在昏睡中被突然出现的对手杀死。战争久拖不决。

最为可怕的事情终于发生了,军中粮食即将枯竭,饥饿不仅在蚕食秦军的战斗意志,也在摧毁帝国征服南方的野心。

从北方的粮仓到南方前线,秦军的后勤保障主要依靠陆路运输,然而,丛林茂密、山高水远,未开发的南方令秦军的后勤保障变成一场噩梦。

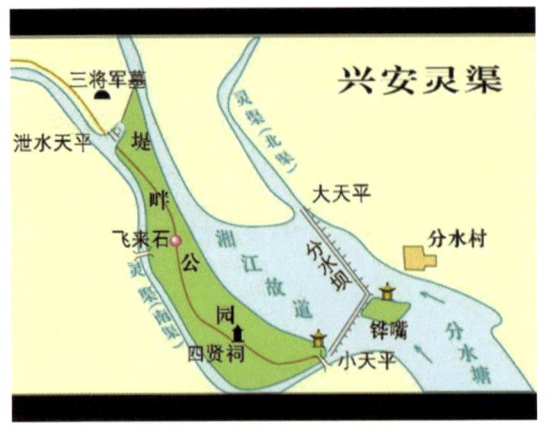

灵渠工程示意图

在越人的一次偷袭中，最高统帅屠睢也被杀死，整个秦军陷入恐慌当中。《史记》记载，秦始皇焦虑万分，他亲自赶往南方，一直到湘江一带。秦始皇明白：要结束南方的战争，就必须解决军粮运输问题。

在今天广西的兴安县，有一条看起来十分普通的河流。两千年以来，生活在这里的人在河上行船、用河水灌溉。但是，有多少人知道：这条叫作灵渠的人工运河，是北方船队由长江进入岭南的唯一通道。

在那场旷日持久的丛林战之前，长江和珠江之间没有河流相通，50万秦军的粮草只能依靠陆路运输，军粮根本就无法保障。当秦始皇心急如焚时，一个叫史禄的人提出了一个大胆的建议。

在湘江和漓江之间修一条运河，打通南北两大水系。船队从巴蜀一带的粮仓出发，进入长江的支流湘江，再通过这条运河到达珠江的支流漓江，后勤物资就完全可以用水路送到战争前线。

这是一个惊人的创意。当时长江和黄河已经沟通，这意味着，从帝国的都城咸阳上船，就可以直达广州。但是，秦人面临着巨大的工程难题。

湘江和漓江之间直线距离仅4.8公里，但两江高低相差几百米，运河开通，渠水将狂奔而下，根本无法行船。

今天，已经没有人知道灵渠最初的设想如何产生，也没有人清楚秦人如何用两年左右的时间就完成了这一工程。然而，这项浩大的工程确实是一个奇迹,它在当时的技术条件下,用了两年的时间就完成了。两千多年前,这条 33 千米长的运河连通了人类历史上最大的内河运输网。

灵渠建成后,粮食运输畅通无阻。第二年,秦军就平定了土著人的反抗,帝国的疆域一直拓展到了南海之边。

始皇帝在平定南方之时,匈奴人也同时进入了始皇帝的视野。

北方草原上的这个游牧民族对中原文明一直是一个巨大的威胁,当秦军在南方奋战的时候,匈奴人乘机南下,越过了阴山脚下的黄河,侵占了黄河以南大面积的土地,直接威胁秦帝国的都城咸阳。

在帝国的都城咸阳,如何对付剽悍的匈奴骑兵的问题就摆到了秦始皇面前。

公元前 215 年,大将蒙恬挥师北上,秉承秦始皇的旨意,去解决匈奴的问题。但是,30 万强悍的秦军并没有立即与匈奴骑兵决战,而是停在了年久失修的长城边上。

春秋战国时期,为了抵御匈奴人的侵犯,北方的秦、赵、燕三国都陆续在边界上修筑过长城。位于今天甘肃省的临洮县的古长城就是秦昭襄王所修。从秦长城向北,就是已经灭亡的赵国曾经经营了几百年的长城。这条长城时断时续,早已破败不堪。到达北部边疆以后,30 万秦军的任务就是维修、改造破旧的长城。秦军和匈奴人周旋了几百年,蒙恬家族几代人都是秦国的战将,他应该非常了解与匈奴作战的艰难。

匈奴人是游牧部落,他们居无定所,往来如风。不知什么时候,会突然聚集成一支凶狠的军队,转瞬间,又变成散落天边的牧民。匈奴人是游击战的高手,如果秦军仓促出击,匈奴骑兵会避开锋芒,绕到别处大肆抢掠,甚至猛烈地攻击秦军的后方。而秦军劳师远征,寻求决战而不得,那么在草原上旷日持久的消耗对于秦军来说则是无法忍受的。

古长城遗址，土堆就是古代连接长城的烽火台

在这种情况下,蒙恬选择了长城战略。秦军修建的长城,并不只是一堵墙而已。长城不仅用于防御,蒙恬改造过的长城是一个可以进攻的体系。长城的首要作用是预警。这些最高处的烽火台就是瞭望哨,为了提前预警,有些烽火台甚至远远突出于长城之外。在长城沿线,秦军修建了许多由坚固城墙围起的小城,这里是戍边军民的居所,也是长城工事上的战斗支撑点。

在离开长城有一定距离的后方,秦军又修筑了屯军要塞,这些要塞既能够容纳众多的军队,又可以囤积大量后勤物资。在出击匈奴时,就成了大部队的前进基地,也是长城防线的战略纵深。有了这套体系,部队就避免了无依无靠的野战。

一年多以后,蒙恬大军基本上完成了长城的维修和改造,与匈奴骑兵开战的时机到了。以长城为依托,装备先进的秦军只用了一年的时间就打败了匈奴铁骑,匈奴人也因此不得不退到了大漠的深处。

深切体会到长城战略价值的秦始皇,从此开始大规模地修建长城。秦帝国从内地征发了100万人,沿着几千公里长的北部边疆沿线,展开了一项史无前例的国防工程。施工多在蛮荒偏远之地,《史记》记载:民夫的尸骨填平了沟壑。而孟姜女哭长城的传说则诉说着修长城给老百姓带来的家破人亡的悲剧和灾难。

西起临洮,东至辽东,一条万余里的长城横贯帝国的北方,秦人缔造了人类有史以来最为巨大的军事工程。从此"万里长城"便成了古代中国人以自己的血泪为代价贡献给人类历史的一项巨大工程奇迹。

在反击匈奴的战争中,尽管有长城的依托,秦人仍然在后勤保障方面付出了惨重的代价。专家推测:平定南方的战事耗尽了巴蜀的粮食,而关中平原保障都城的粮食是不能调用的。因此,供应北方军队的粮草主要来自山东半岛,从那里到北方草原,直线距离1000多公里,

长城

运粮的队伍要两次穿越太行山,至少三次渡过黄河。

史书记载:从出发地到目的地,平均每消耗 192 石粮食才能剩下 1 石供应军队。为了向前线输送粮草,成千上万的民夫死在了路上。然而,草原深处的匈奴人并没有消失,他们随时可能会再次南下。攻打匈奴的战争,如何解决后勤运输的艰难问题,很可能令秦始皇彻夜难眠。作为帝国的决策者,他必须彻底解决这个问题。

秦帝国灭亡后一百多年,史学家司马迁游历到了中国的北疆。这个伟大的学者被一条铺设在崇山峻岭之中的大路深深地震撼了。他在《史记》中这样描述:"直道通衢,堑山堙谷。"司马迁看到的是一条开山填谷的笔直大道。

这就是秦始皇的彻底解决方案:秦直道——两千多年前的军用高

速公路。在今天陕西省北部的大山中，直道的遗迹依旧清晰可见。直道所过之处，地势险恶，至今人迹罕至；它劈山填谷，甚至越过海拔1800米的子午岭而不回避。两千多年后，凄凄黄草下时隐时现的古道，仍旧让人感受到秦人的意志。

由于夯筑得十分结实，直道上的树木至今也无法成活，只有那些生命力顽强的野草能够在其表面生长，在某些地段，汽车仍然可以行驶。

为了证明史书对直道的描述，历史学家对道路遗迹做了勘测。从帝国的都城咸阳开始，直道绵延向北，一直通到大漠深处的九原，全长700多千米。它令人惊讶的程度绝不亚于长城。

根据研究人员的勘测，今天我们知道这条秦直道从陕西淳化县梁武帝村秦林光宫遗址北行，穿子午岭，沿子午岭主脉北行进入鄂尔多斯草原，再过乌审旗北，从东胜区西南方向一直到昭君墓附近渡黄河，再北行一直到达包头市西南秦九原郡治所。

在秦人统治中国的时代，从甘泉山到子午岭一带，森林繁茂、杂草丛密，鄂尔多斯草原更是野草丛生、湖漳遍布、蛇兽出没，可谓是人迹罕至。而蒙恬经过自己的考察，能够确定这样一条直通北国的笔直大道，可谓是天才的杰作。

在内蒙古包头市的西边，是大秦帝国最北边的九原郡，这座古城遗址就是直道最北端的终点。当年的九原郡是帝国北疆的军事重镇。军需物资从这里再分发到帝国北部修建和守卫长城的军民手中。

700多千米长的直道，为秦帝国迅速投放部队、及时输送粮草，提供了最为有力的保障。北部边疆一旦有事，专家估计：骑兵部队三天三夜就可以从咸阳赶到九原,中央政府在一周之内就能够基本完成从军队调动到后勤供应等一系列的准备工作。直道是一条名副其实的军用高速公路,两千多年前,这是只有秦人才能修造的军事工程。

正是大秦直道解决了秦军的后勤补给和军队快速投放的问题,所以长城和秦直道一期工程修成之后,蒙恬顺利地击退匈奴人700多里,真正让"胡人不敢南下而牧马,士不敢弯弓而抱怨"。

> 修筑直道是为了更好地保障军队的后勤补给。直道的南段在山区,北段在沙漠,周边环境极其恶劣。

始皇帝以自己过人的意志和想象力,让秦人创造了超越时代的军用高速公路,然而在世之时却并未实现自己在这条开山填谷而造就的宏伟直道上巡视的理想。根据史书的记载,这位了不起的帝王只是死后的遗体通过大秦直道从九原郡一路回到了都城咸阳。

然而在大秦直道的二期工程就要开工的时

秦直道地理位置图

秦直道是秦统一战争的输血管

候,始皇帝驾崩,即位后的胡亥和赵高因为担心蒙恬会成为扶苏的支持者而将蒙恬赐死。

秦帝国崩溃之后,秦直道在随后的岁月里继续担任着为北国边疆的军事服务的功能。

汉文帝刘恒是第一位驱车走过秦直道的大汉皇帝,史书记载这位皇帝在匈奴人南下重新占据黄河南岸之后,派遣了灌婴的骑兵部队来抗击匈奴人的进攻。根据历史学家们的研究,灌婴的这支骑兵部队正是当年归顺了大汉王朝的原秦王朝的京师护卫部队之一,于是这支原来的秦军部队穿过秦人制造的直道再次捍卫了帝国的边疆,并成功将匈奴人击退到了边界以外。而汉文帝在边疆平复后通过秦直道从林光宫赶到延安的高奴,对边疆将士进行了慰问。

随后,大汉王朝继续使用秦人留下的秦直道,完成了这条直道对于这个国家和民族在军事、文化、经济等诸多领域的贡献和意义。李广、卫青,甚至后来的王莽都是通过这条秦直道重创了匈奴骑兵,从而解除了匈奴人对于北部边疆的威胁。一直到后来的三国,曹操也是通过这条秦直道直达匈奴边界,在军事震慑下,成功将意图归汉的蔡文姬迎回了中原,使蔡文姬终于有机会参与《续汉书》的撰写。

因为秦直道提供的便利和周围水草条件的优越,南北朝时大夏国首领赫连勃勃在秦直道旁建造了自己的都城统万城,并为了方便自己的需要,在秦直道的原始路基上再次修建了延安以南的秦直道,当地人称之为"圣人条";到了唐代,唐太宗李世民攻打突厥人也多次往返在秦直道上。

然而秦直道对于中原王朝来说,已经不再是简单的军事上的意

秦直道碑记

义,从秦直道诞生的日子起,秦直道也一直担任着内地农耕民族和北方少数民族经济文化交流的纽带。匈奴人的朝贡、汉公主的和亲,甚至汉文帝时招募流民迁徙垦荒,也是通过秦直道来实现的。

所以秦直道军事上的功能给我们带来和平的同时,也给我们带来了民族融合与交流,也为边界上双方的商人带来了巨大的商业利润。因此秦直道对于我们这个民族的意义,我们实在不可低估。

历史发展到今天,我们可以更清晰地了解这条大秦直道的历史。目前,学术界研究秦直道最大的分歧点是中段东西线的争论。东线说指秦直道北上至兴隆关后向东走蚰蜒岭,再向北经陕北,至终点包头;西线说认为,秦直道至兴隆关后继续向北,再转西北,经甘肃和陕西定边,再折向东北,经内蒙古,回归旧有的秦直道,至终点包头。

2011年,陕西省考古研究院通过进一步的考古探察,确定了秦直道争议中的东西线问题,研究员张在明介绍陕西省考古研究院秦直道考古队此次发掘地点就选在兴隆关周边,也是考古队员首次对兴隆关周边的秦直道进行考古发掘。张在明说:"焦点就在兴隆关,兴隆关南边是典型的秦直道,从秦一直延续到明清。东线发现的两层路面,是秦和西汉的。西线也发现两层路面,是东汉以后的。秦直道的考古成果在进一步确认东线说的前提下,也彻底否定了西线说。最后的结论就是:秦直道从秦始皇开始修,到了西汉晚期或者两汉之间,东线整体被废弃。"同时张在明认为,在秦直道东线废弃几十年后才开发出了西线,所以秦直道的西线从经典意义来说已经不是秦直道了,它和秦已经没有关系,和西汉也没有关系,只能说它是古道路，如何命名，考古界还在争论当中。

此次考古勘探还发现了一个令人唏嘘的问题，那就是秦直道的废弃可能有人为破坏的因素，而且这一破坏行动不是孤立和个别的，而是自上而下的国家行为。张在明表示，在使用两百多年后，即在两汉之间或东汉早期，兴隆关以东的秦直道经人为破坏后被废弃。具体原因应该是随着历史的发展，在中原和匈奴双方军事力量的对峙中，中原一直处于守势，防守难以为继时就将道路破坏，以防止匈奴长驱直入。

虽然秦直道中段曾被破坏和废弃，然而它能够延续近两千年之久而一直服务于我们这个民族，可以说这样的古代大道在人类历史上应该是绝无仅有的。

秦帝国统一中国后，第一次拥有了前人无法想象的巨大动员能力，但如果没有掌握精确的大地测绘技术，仍旧无法在如此辽阔复杂的地域内完成这些如此巨大的工程。虽然今天的高速公路，已经远远不是曾经的秦直道能够相比的，然而在遥远的两千多年前，在那样的技术条件下，能够开山填谷造就这样宏伟而绵长的高速大道，我们还是不能不对秦人超越时代的智慧和强大的意志力投去敬佩的目光。

然而，我们还是要回到这个问题：两千多年前，秦人真的有了精确的测绘技术吗？

甘肃省天水市放马滩遗址出土的木板地图

1986年，在甘肃省天水市附近的一片原始森林当中，考古人员发现了一些古代的墓葬。墓葬中出土了七块沾满泥土的木板，当时，没有人知道这些奇怪的木板是什么东西。后来经过专家的鉴定,认为这是中国发现最早的木版地图,上面的内容是秦国一个县的行政区划图。如果秦人有一定的大地测绘技术,这些地图至少要符合定量制图学的六个标准。

考古资料表明,这些地图属于一个军马场场长所有。地图在古代中国常常属于国家机密,一个军马场场长不可能拥有与帝国的军事工程有关的地图。从这些地图上,我们仍旧无法推断秦人是如何进行工程测绘的。但是,我们可以相信:秦人必定拥有一批超越时代的工程人才,从而创造了超越时代、震撼世人的浩大工程。

两千多年过去了,直道已经废弃很久了,偶尔有一些儿童在当年的路面上跑过。事实上,直道只是秦帝国四通八达的交通网络中的一环。

天堑变通途——秦人的军用高速公路

陕西省南部，高大的秦岭横亘在秦帝国的心脏地区和四川盆地之间，在今天陕西通往四川的国道两侧，岩石上这些规则的小洞十分醒目。两千多年前，这些洞里插着圆木或石条，上边凌空铺着木板，这就是著名的秦栈道。修造在绝壁上的栈道，曾经穿越几百公里的秦岭山脉。

秦人有修路的传统，但秦始皇是集大成者。在秦帝国统一前后，以都城咸阳为中心，秦人建立了那个时代世界上最发达的交通网络。这个新兴的大帝国控制的领土面积，是它的前人做梦都想不到的。这些四通八达的道路为南征北战的秦军提供了强有力的支撑。

毫无疑问，秦人是修路的天才。

对于新统一的帝国来说，修建从咸阳辐射全国的交通网络系统，也几乎就是修筑帝国的生命线。对于中央政府来说，或者对于始皇帝来说，如果连接都城和地方的道路出现了问题，也就意味着中央政府对于地方的控制和管理可能就要出现问题，所以修建辐射全国的交通网络系统成了统一天下后的始皇帝非常关切的问题之一。于是，始皇帝统一六国后的第二年，就有史书记载帝国的驰道已经连接到了东方的燕、齐和南方的吴、越,甚至一直通到了沿海地区,原来六国各自修筑的边城城墙、工事等都被拆毁,这样大秦帝国的驰道上东西南北都将畅通无阻。由此可以想象秦人修建驰道的能力和速度。而这种"驰道"应该就是区别于一般道路的古代"高速公路"。

根据史书记载,在始皇帝的要求下,全国以咸阳为中心,修建了五大驰道网络:

东向驰道,自咸阳出桃林塞、函谷关,抵三川郡,然后分道而走,一条沿着黄河北行,一条沿着济水东行,两条驰道的网络将黄河、长江下游地区都联系到了一起;

西北驰道,自咸阳往北地郡、陇西郡,再分三条支道;

东南驰道,自咸阳向东南,可通东南沿海各郡;

东北驰道,自咸阳东出,经栎阳即临潼通往中国东北部各郡。汉代元封三年,大汉王朝占据了朝鲜之后,设置了乐浪四郡,于是将大秦帝国的留下的驰道一直延长到了朝鲜境内;

北方驰道,自咸阳北上至北疆前线,也就是所谓的"秦直道"。

在这些网络交叉的驰道中,最为著名的有九条,其中有出今高陵通上郡的上郡道,过黄河通山西的临晋道,出函谷关通河南、河北、山东的东方道,出今商洛通东南的武关道,出秦岭通四川的栈道,出今天的陇县通宁夏、甘肃的西方道,出淳化通九原的秦直道。

> 秦直道于秦始皇三十五年,始皇帝令大将蒙恬督调民夫30万,历时两年半才修筑完成。秦直道的修筑需开山凿壁,填沟垫谷,施工标准极高,在古代道路史上罕见。

根据记载,秦人的驰道路面分为三条,也就是具有分隔带意义的车道划分。其中"中央三丈"是所谓的"天子道",也就是"御道",专供皇帝使用;而贵族官僚及普通臣民则可以行走两侧的"旁道"。始皇帝极为重视驰道,特别规定行人不得穿越驰道,驰道中间的御道更是严禁一般臣民穿越,违反者将受到严厉的惩罚。

关于秦人的驰道，《汉书·贾山传》这样记载："秦为驰道于天下，东穷燕齐，南极吴楚，江湖之上，濒海之观毕至。道广五十步，三丈而树，厚筑其外，隐以金椎，树以青松。驰道至丽至于此。"从史书的记载可以看出，辐射全国的驰道系统，每条驰道的路面宽幅为五十步，也就是大约67.5米，并且沿途每隔三丈，也就是大约7米的距离必须种植一棵青松，外侧以铁锤夯实。近70米宽的大道即使对于今天的高速公路来说也是不可想象的。我国现今的普通高速公路最大宽度36米左右，还不到40米；而用钢筋混凝土筑成的郑州黄河二桥被称为亚洲最长、最宽的高速公路大桥，最宽也只有50米。因此我们可以想象，这样宽大的驰道一定是秦帝国境内交通系统的主要干道。而修建如此庞大的驰道网络系统，一定是耗费了帝国巨大的人力和物力。

几乎连接到了大秦帝国的每一个行政区的大秦驰道不仅仅可以让大秦军队以最快的速度赶赴地方，也同时为帝国提供了驿站通信的方便。史书记载，驰道两旁每隔一定的距离会有驿站、馆舍，以供应相关的公务人员住宿，更换马匹甚至车辆。秦中央政府规定，驿站的通信网络传递系统，由丞相负总责，朝廷的诏书、政令等公文均由丞相签发，再经各级驿站逐级分送到基层。

由于驰道宽阔平坦，在上面驾车速度极快。根据汉人的记载，秦人的驰道作为那个时代的高速公路，在驰道上半日即可奔驰两百里以上，秦人的驰道的确起到了沟通全国各地的重要作用，一旦地方有安全预警，秦人的军队即可以最快的速度到达事发地点。

秦人的驰道不仅够宽，而且必须"树以青松"，也考虑到了给走在路上的行人创造足够的树荫和清新的空气。虽然秦人对于驰道的修建有很多超越时代的地方，然而，当时的路面并没有现今的技术支撑，几场暴雨过后，也会泥泞不堪。所以这就涉及了对于驰道路面养护的问题。根据史书的记载，帝国境内的地方官吏必须在每年的9月份修筑自己管辖区内的道路。那么我们可以想象，这里所谓的修筑差不多就

今陕西省西安市安富县境内的一段直道,是保存最完整的古路段

内蒙古自治区东胜秦直道遗址

应该是对本地驰道或者普通道路路面的养护和重新平整。而大道两旁的树木也不能随意砍伐，如果道路或者道路两旁的树木护理失职，监管的地方官员就要受到相应的处罚。因为秦人的驰道修筑和养护得较好，所以驰道非常坚固，甚至在魏晋南北朝后期，很大一部分仍然在维持使用。甚至今天，某些地段的驰道仍然是当地的交通要道。

秦二世时，李斯被捕入狱，在上书陈述自己的功绩时，讲到了自己负责过修建帝国的驰道。可见修驰道在当时帝国初立时一定是始皇帝眼中一项极其重要的工程。可惜的是，秦二世不懂驰道对于帝国的意义，也不重视驰道上的驿传通信，所以驰道上的驿传功能便随即瘫痪；而反秦起义开始之后，这些驰道也方便了起义军的进军，刘邦举兵宛城也就是南阳，攻入咸阳，就借助了大秦驰道的便利。

车马辚辚——秦人的造车技术

当年,奔驰在这些道路上的,除了赶赴前线的部队,就是运送后勤给养的车辆。而道路和车辆则是互相依存的,当始皇帝将全国的驰道都统一在一个标准下的时候,对于奔驰在驰道上的秦车的形制也进行了标准化规定,特别是车子的轮间距,这就是帝国初立后,始皇帝改制中的"车同轨"。那么,秦人的车辆制造技术又究竟如何呢?

可惜,秦始皇兵马俑坑中的木制战车已经朽烂,无法告诉我们更

兵马俑二号坑中发掘出的车轮等物件

二号坑中发掘出的车轮

多的技术细节。

然而，在1980年，也就是在兵马俑面世四年之后，考古工作者又有了惊人的发现。在秦始皇陵的边上，发现了一个七八米深的大坑，其中有8匹破裂的铜马和大量车辆附件，两名驾车的御手栩栩如生。这是两辆曾经十分完整的青铜车，但是在历史的动荡中已经破碎不堪，其中一号车破碎成1352片，二号车破碎成1685片。考古人员以高绝的智慧和极其耐心的努力，历经八年时间，终于将原来残破的铜车马恢复了原貌，让我们看到了两千多年前秦人车马技术的真相，为争议中的秦人车马技术的讨论提供了最直接的实物证据。

战国时期讲述各类官营手工业制作规范的《考工记》对于车轮的制造有这样的记载：

凡察车之道，必自载于地者始也，是故察车自轮始。凡察车之道,欲其朴属而微至,不朴属。无以为完久也,不微至。无以为戚速也。轮已崇,则人不能登也,轮已庳,则於马终古登阤也。故兵车之轮六尺有六寸,田车之轮六尺有三寸,乘车之轮六尺有六寸,六尺有六寸之轮,轵崇三尺有三寸也,加轸与轐焉,四尺也。人长八尺,登下以为节。

考古学者在修复伞盖

这两辆铜马车的发现证实了《考工记》中关于东周时期的造车技术的记载是可靠的,也补充了《考工记》中没有的细节,或者这些细节对于当时的人是熟知而不需提及的。当然最难得的是解决了很多争议中的问题或者文献中语焉不详我们无法获得答案的问题。

这两辆青铜车是根据秦始皇生前的御用车辆仿制的,除了大小是真车的一半之外,它们在结构和形制上跟真车一模一样,车身多处有彩绘,并且配有大量金银饰件。青铜车的车轮做得十分考究,30根密集的辐条,分散了车身重量对轮圈的压力,使得轮子既轻快又结实。

延伸阅读:

凡为轮,行泽者欲杼,行山者欲侔。杼以行泽,则是刀以割涂也,是故涂不附。侔以行山,则是抟以行石也,是故轮虽敝不甐于凿。凡揉牙,外不廉而内不挫,旁不肿,谓之用火之善。是故规之以眡其圜也,萭之以眡其匡也。县之以眡其幅之直也,水之以眡其平

考古工作者在发掘铜车马

沈之均也,量其薮以黍,以眡其同也,权之以眡其轻重之侔也。故可规、可萬、可水、可县、可量、可权也,谓之国工。知轮人为盖,达常围三雨,桯围倍之,六寸。信其桯围以为部广,部广六寸。部长二尺,桯长倍之,四尺者二。十分寸之一,谓之枚,部尊一枚,弓凿广四枚,凿上二枚,凿下四枚,凿深二寸有半,下直二枚,凿端一枚。弓长六尺谓之庇轵,五尺谓之庇轮,四尺谓之庇轸,参分弓长而揉其一,参分其股围,去一以为蚤围。参分弓长,以其一为之尊,上欲尊而宇欲卑,上尊而宇卑,则吐水,疾而霤远。盖已崇,则难为门也,盖也卑,是蔽目也。是故盖崇十尺,良盖弗冒弗纮,殷亩而驰,不队,谓之国工。

主舆人为车,轮崇、车广、衡长参,如一,谓之参称。参分车广,去一以为隧。参分其隧,一在前,二在后,在揉其式。以其广之半为之式崇,以其隧之半为之较崇。六分其广,以一为之轸围。参分轸围,去一以为式围。参分式围,去一以为较围。参分较围,去一以为轵围。参分轵围,去一以为轐围。圜者中规,方者中矩,立者中县,衡者中水,直者如生焉,继者如附焉。凡居材,大与小无并,大倚小则摧,引之则绝,栈车欲弇,饰车欲侈。

辀人为辀。辀有三度,轴有三理。国马之辀,深四尺有七寸,田马之辀深四尺,驽马之辀,深三尺有三寸。轴有三理:一者,以为嬂也;二者,以为久也;三者,以为利也。轵前十尺,而策半之。凡任木、任正者,十分其辀之长,以其一为之围。衡任者,五分其长,以其一为之围。小于度,谓之无任。五分其轸间,以其一为之轴围。十分其辀之长,以其一为之当兔之围。参分其兔围,去一以为颈围。五分其颈围,去一以为踵围。凡揉辀,欲其孙而无弧深。今夫大车之辕挚,其登又难,既克其登,其覆车也必易。此无故,唯辕直且无桡也。是故大车,平地既节轩挚之任,及其登阤也,不伏其辕,必缢其牛。此无故,唯辕直且无桡也。故登阤者,倍任者也,犹能以登,及其下阤也。不援其邸,必縞其牛后。此无故,唯辕直且无桡也,是故辀欲颀典,辀深则折,浅则负。辀注则利准,利准则久,和则安。辀欲百无折,经而无绝,进则与马谋,退则与人谋,终目驰骋,左不楗行数千里马不契需,终岁御,衣衽不敝。此唯辀之和也。劝登马力,马力既竭,辀犹能一取焉,良辀环灂,自伏兔不至轨,七寸,轨中有灂,谓之国辀。轸之方也,以象地也;盖之圜也,以象天也;轮辐三十,以象日月也;盖弓二十有八,以象星也;龙旗九斿,以象大火也;鸟旟七斿;以象鹑火也;熊旗六斿,以象伐也;龟蛇四斿,以象营室也;弧旌枉矢,以象弧也。

一号车通长 225 厘米,通高 152 厘米,重约 1061 公斤;车的形制为独辀、双轮,辀前有衡,衡左右各有一轭;辀两侧各有一匹服马,服马外侧各有一匹骖马,也就是四匹马共拉一辆铜车。轮径 66.7 厘米,各有 30 根辐条。横近似圆柱形,两个末端有银质套管,通长 78 厘米。舆呈长方形,横宽 74 厘米,纵长 48.5 厘米;舆内树立一个高柄的铜伞,伞下站立一个铜御官俑,通冠高 91 厘米。值得注意的是这把伞制作精致,伞盖设计水平和制作工艺都令人印象深刻。特别是伞柄为错金制成,给人豪华奢侈的感觉。此伞盖的制作和今天的伞基本相似。伞,古人写作"繖",也是古人防雨防晒的重要工具,特别是要驾车远行,伞盖便是铜车不可或缺的必要工具。

秦陵一号铜车马

一号铜车马马头部分,可见复杂的系驾绳索套管、精致的马头饰、车轮锁和制动装置。

一号铜车马伞杆细节图

二号车通长317厘米,通高106.2厘米,重1241公斤。车轮、辀、横及骖服的四匹马与一号车基本相同,主要不同处在车厢。二号车车厢呈纵长形,分前后两室,前室较小,是驾车人的坐处。从左侧门登车;后室较大,乘车人或坐或卧,都宽敞有余。而车门则在后侧。有学者研究认为这可能应该就是文献记载中提及的"安车"。

从侧面看,辐条靠近车毂的地方明显加宽,为的是加强轮子横向受力的强度,很像今天的自行车轮。车毂复杂的加工令人印象深刻,它只有两端和车轴接触,而中间却是一个鼓腹的空腔。这个空腔灌着许多的脂膏,就如同今天的润滑油的作用,它润滑了车毂,让行车变得更加轻捷。

古人计车辆停止用的一个器具名字叫"轫",然而文献中出现的这个"轫"从来没有人知道究竟是什么模样。就在这两辆铜车马的发掘现场,考古学家们发现了这两辆车都各有一个长方形的铜质方框,长14.4厘米,宽13.2厘米。考古学家们经过研究证实,这个物件就是文献记载中古人用来停车的轫,同时这也是我国发现最早的有关轫的实物证据。

将秦人的铜车马和《考工记》的记载进行对比,可以发现,二者基本相符。

铜车马的发现让我们对于秦人的车辆制造细节和技术规范有了全面而深刻的认识,包括金属焊接技术、金银件的链接、精小构件的链接、铜车的防腐技术,特别是大面积薄板伞盖的制作。其技术之先进和精致不能不令今天的我们感到赞叹和震惊。

可以说秦人铜车马在技术上是秦人文明的结晶,不仅是我们这个时代极为珍贵的历史文物,同时还是珍贵的、精湛的东方艺术品。

两辆铜马车的发现,也让我们认识到了秦人的车马系驾方式。

秦车的系驾方式令人惊讶,在西方,一直到公元8世纪,系马的皮带都勒在马的喉部。高速奔跑的马经常窒息而死。秦车的系驾方式就完全不一样,实验显示:用西方的系驾方式,两匹马只能拉 0.5 吨的重量;用中国的系驾方式,两匹可以拉 1.5 吨。

从这两辆青铜车来看,秦国的车辆设计和制造技术已经相当发达。车辆制造技术的完善不可能是一朝一夕就能实现的,秦人为什么在这个领域会遥遥领先呢?

秦人的祖先居住在西北的黄土高原。1993 年,在甘肃省的礼县发现了一个巨大的墓葬,墓主人是秦国早期的一个贵族。坟墓里出土了大量的陪葬品,但青铜的车马器令人印象深刻。复杂的系驾绳索套管、

汉代画像砖拓片
"车马人物"

汉代画像砖拓片
"处士车"

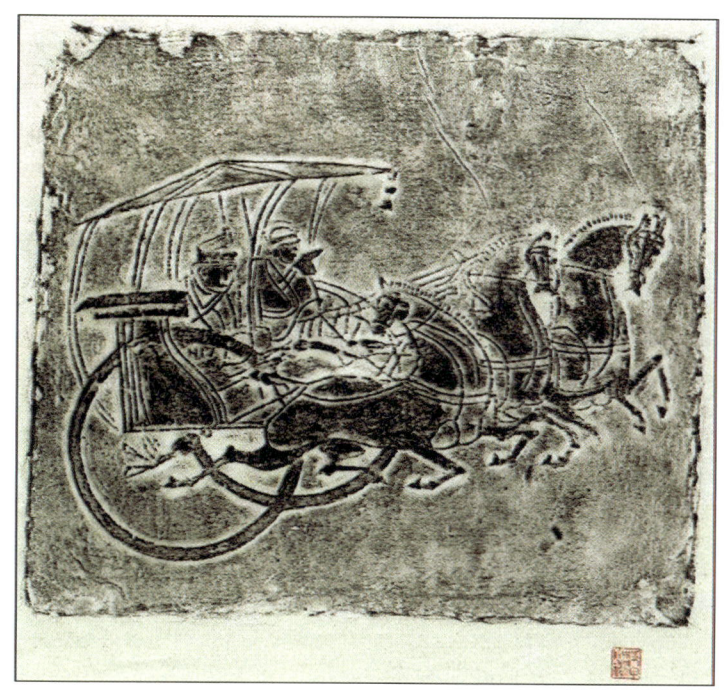

汉代画像砖拓片"轺车骖驾",画上可见当时马的系驾绳索的走向

精致的马头饰、车轮锁和制动装置。然而,在所有的陪葬品中,这个车辆模型最令人惊讶,这是已知中国有四轮车的最早证据,将近三千年了,它仍旧能够行驶自如。

> 秦人的祖先生活在甘肃天水一带,那儿山大沟深,生活环境造就了秦人对于移动工具开发的热情。

早在甲骨文中,我们就可以看到不同形状的"车"字,从这些"车"的象形特征来看,可以得知当时的车主要以双轮车为主。在20世纪的考古中,考古学家们也先后发现了殷墟车马坑,根据车马坑中的发现推测,学者们认为商代后期商人的军队至少有步兵和车兵两个兵种。

1932年,考古学家们在河南浚县辛村再次发现两座大型西周车马坑,其中三号坑就有12辆车,72匹马;1956年考古学家在三门峡虢国墓地的三座车马坑中发现25辆车;1993年在山西的晋侯墓地再次发现车马坑。每座坟墓都有数量不等的车马，有些墓葬中的车马数量相当惊人。可见春秋战国时期，车辆的制作技术在各国都已经成熟，而秦人则站在了已有技术文明的高度上吸取了各方面的技术经验，制造了属于秦人的极为精致的铜车。

考古史上发现的迄今世界上最早的双辕车模型，也是在秦人墓葬中出土的。发现双辕车模型的这个墓葬，是一个普通人的墓葬，里面牛的模型是两头牛，一头公牛，一头母牛，这基本就是当时秦人一般农户的资产水平。在墓葬中发现的这种车辆的普及对于交通发展意义非常大。

与人类文明早期的单辕车相比，双辕车只需一个牲口驾辕，系驾大为简化，也更容易驾驭，双辕车是车辆制造史上的一次革命。由于这个双辕车模型的主人是一个普通秦人，专家推断，双辕车很可能已经在秦国普及。

秦人是一个对车辆极度迷恋的民族。不管是贵族或者平民，活着的时候以驾车为乐，死了也要带上车辆陪葬。我们今天可以认为，因为秦人有卓越的驰道和车辆制造技术，所以保障了秦军庞大的后勤运输。

战国末期，王翦和蒙恬率领秦军攻打楚国，出动的秦军兵力多达60万，征战时间长达近两年，粮草补给全部需要从秦国远道输送而来。假使仅仅粮食一项从秦国运来，每天也需要万辆以上的运输车队在路上川流不息，我们据此就可以想象秦人车辆制造的规模和技术了。

世界历史上，只有极少数的时代、极少数的人有机会站在历史的转折点上，创造历史。秦人一系列重大的军事工程、覆盖全国的道路网络、制作精良的车辆，这些辉煌的成就共同塑造了一支强大的秦军，而秦军，创造了历史。

但是所有的这一切都有一个前提，那就是整个秦军有一个强大的主心骨和领袖，那就是意志强大的始皇帝。正是在始皇帝的运筹帷幄之下，秦军创造了一个又一个的奇迹。那么当始皇帝驾崩之后，这支秦军还能维持它昔日的辉煌吗？

第 六 章
最后的绝响:在复活中永生

是始皇帝创造了超越时代的各项文明奇迹,也将秦人的军队带到了前所未有的顶峰,然而也正是这位帝王超越时代的野心耗尽了帝国的国力,也透支了国人对这个王朝的期望。于是秦始皇在沙丘驾崩之后,帝国便开始风雨飘摇。那些涌动着的反叛的力量终于找到了爆发的时机。

兵马俑的发现让我们第一次看到了秦军的真相,也让我们看到了一支消失了两千多年的军队的秘密。

秦军曾经是古代世界最为强悍的军队,慢慢地靠近这些兵马俑雕塑,一种似曾相识的感觉迎面而来。他们不再是陪葬品,而是一个个活生生的人,每一个陶土面具的背后都曾拥有一个鲜活的灵魂。

帝国的崩溃

秦始皇"奋六世之余烈,振长策而御宇内",史无前例地实现了中国的大一统,然而郡县制的普及并没有让六国王族放弃他们涌动着的复国梦想。

人们对比着后来的历史感慨,或许是秦始皇过于仁慈没有将六国的王族悉数斩杀才埋下了后来的祸患。秦始皇不会想不到这些六国后裔的心情和理想,但是大一统的天下是不能再分崩离析了,天下不能再有诸侯混战了,这是秦始皇一统六国的终极意义。

秦始皇的做法是通过巡游天下来震慑和安抚这些涌动的势力,巡游队伍中少不了护卫皇帝安全的皇家护卫队,然而即使如此也未能避免六国后裔来刺杀秦始皇,寻求推翻秦王朝的可能。

公元前218年,始皇帝在位的第二十九年,这一年始皇帝东巡路过河南阳武的博浪沙,一位大力士在附近扔出了一个重达一百二十斤的铁锤,企图一锤击毙始皇帝,然而这位大力士刺客判断失误,铁锤砸中的是始皇帝的副车,这次刺杀始皇帝的计划宣告失败。

然而追寻这次刺杀计划背后的主谋,我们看到的是一位韩国五代相国的后裔,这位后裔的名字叫张良,一位在将来要帮助刘邦成就大

咸阳宫（计算机模拟复原图）

汉王朝的谋士。虽然张良未曾在韩国正式任职，却因为五代先祖辅佐韩国而对韩国的覆灭耿耿于怀，于是在自己的弟弟死后顾不得安葬也要变卖家产收买刺客，来实现自己为故国复仇的梦想。

虽然博浪沙事件震惊天下，但这毕竟是一次不成功的刺杀活动，对始皇帝的大秦帝国还不会有丝毫的震动。始皇帝在遭遇博浪沙事件之后，依然东游，在巡游会稽路过吴地之时，围观的百姓队伍中有一个人说了一句话，这个人的名字叫项羽，他说了一句流传古今的豪言壮语"彼可取而代之也"，然而正是这个项羽后来成了推翻秦帝国最重要的人物。

但是现在，大秦帝国还很太平，骊山脚下几十万的刑徒为始皇帝

修建着陵墓,强悍的秦军守卫着北国的边疆,抵挡着匈奴人的进攻。整个天下还都很太平,因为雄才大略的始皇帝还在,这个时代还没有人有能力来推翻始皇帝铁腕统治下的大秦帝国。

那么当始皇帝去世的时候,这一切是否会发生变化呢?

公元前211年,就在秦始皇还没有去世的时候,这一年有人在一块陨石上写了一行字"始皇帝死而地分",就是说只要始皇帝死了,那么大秦帝国就会再次分崩离析重新回到列国分封的年代。这句话似乎反映了当时天下存在着一股很强大的反秦逆流,以及郡县制下六国贵族对于分封时代强烈的怀念情结。他们相信,只要秦始皇去世,就不会有人有能力主宰一个六国后裔涌动的大秦帝国,那么他们也就能够用武力来实现自己复国的梦想。

那么帝国在没有秦始皇的年代,六国后裔们真的有能力推翻大秦帝国吗?他们是否忘记了秦军横扫六国的余威?那么,是什么让他们一语成谶?

公元前210年,始皇帝在位第三十七年,这一年秦始皇再一次从咸阳出发,巡视自己的帝国;始皇帝没有想到的是,这会是他对自己的帝国最后的一次巡视。

始皇帝从咸阳出发,路经云梦,又视察了吴越旧地,在东海沿线视察了一番便开始西行。然而始皇帝巡游的车队到达山东平原县的时候,始皇帝却不幸病倒了,这位英明神武的始皇帝没有想到自己的一病不起竟然会葬送掉在数代秦人积累的成果上才辛苦缔造的大帝国。

《史记》记载,病情恶化的始皇帝及时写了,并用皇帝玉玺签封遗诏,赐予在上郡监军的公子扶苏,命令他将军队的指挥权全面托付给蒙恬,与丧车在咸阳集合主持丧事。也就是根据司马迁的记载,始皇帝临终指定的继承人应该是公子扶苏,然而历史发展的方向已经由不得危在旦夕的秦始皇了,始皇帝想不到自己一手创造的大秦帝国的命运在自己的弥留之际就要朝自己最不希望看到的方向发展了。

始皇帝并不知道自己的遗诏并没有及时发出去,主持机要办公事务的中车府令赵高很可能看到了遗诏的内容。《史记》记载,为了自己未来的命运,这位中车府令与丞相李斯进行了一次对话:"君侯自料能孰与蒙恬?功高孰与蒙恬?谋远不失孰与蒙恬?无怨於天下孰与蒙恬?长子旧而信之孰与蒙恬?"李斯听了赵高的话,对比了自己与蒙恬的才能、威望与影响,便与赵高狼狈为奸重新伪造了遗诏,假称始皇帝托付丞相李斯,立胡亥为太子,并赐书扶苏:

> 朕巡天下,祷祠名山诸神以延寿命。今扶苏与将军蒙恬将师数十万以屯边,十有余年矣,不能进而前,士卒多耗,无尺寸之功,乃反数上书直言诽谤我所为,以不得罢归为太子,日夜怨望。扶苏为人子不孝,其赐剑以自裁!将军蒙恬与扶苏居外,不匡正,宜知其谋。为人臣不忠,其赐死,以兵属裨将王离。(《史记·李斯列传》)

于是大秦帝国在关键的历史时刻,最终的命运就这样被赵高和李斯这两位臣子给改写了。

在伪诏的面前,扶苏、蒙恬相继被赐死,而王翦、王贲父子也相继去世,帝国最重要的军事支柱就此倒塌,曾经所向披靡的秦军一旦失去了自己的支柱和脊梁骨,那么它还能创造属于自己的传奇吗?

随后大将王翦的孙子王离代替蒙恬成了镇守北国边疆的大将,在随后的岁月里,王离将从北国边疆率领镇守北疆的秦军南下,和章邯将带领着秦军进行护卫帝国的最后一战。

无论如何,赵高和李斯的阴谋成功了,公子胡亥以太子的身份顺利继承了帝位;9月份秦始皇下葬,心理扭曲或者说有些心虚的秦二世就顺利开始了自己近乎病态的执政生涯。

因为秦二世明白自己帝位是谋篡而来的,因此在心理上极其敏感地担心着周围的王公大臣,甚至自己的兄弟姐妹的置疑和反叛,于是这位政治侏儒做出了极其愚蠢的一个决定:杀!于是先帝留下的一些能臣和自己的兄弟姐妹先后被诛杀,面对着这样一位政治侏儒,秦廷留下的臣子几乎没有人愿意悉心效力了。

1976年,考古工作者在秦始皇陵东侧的上焦村西侧进行考古挖掘,出乎意料地发现了17座墓葬,被发掘的8座墓葬引起了考古学家极大的兴趣。

考古学家们发现除了十一号墓之外,其余陵墓埋葬的都是身首异处的尸体,显然是被人肢解杀害后才埋掉的,甚至在十五号墓出土的尸体头骨上有一枚箭头,显然是被人射杀后又被肢解;而十一号墓葬出土的尸体骨骼虽然较为完整,但是上下颚骨错位明显,由此

扶苏墓

第六章 最后的绝响:在复活中永生 | 247

判断他们也是死于非命后被人埋在这里的。这17座墓葬都在秦始皇陵园的区域内，考古学家们推断这些墓葬应该就是秦始皇的陪葬墓。

特别是墓葬中出土的铭文刻有"少府"的字眼，说明被埋葬的墓葬主人是和宫廷有关系的；而在墓葬的土圹底部，发现有修建墓葬的人烤火留下的痕迹，说明挖掘坟墓之时已经是天气寒冷的时节，与史书记载的秦二世杀害自己兄弟姐妹的时间大致相当。

因此学者们推测，这些墓葬的主人可能就是被秦二世杀害的秦廷的公子和公主们，而从这些被埋葬的尸体的情形可以想象，处决他们的人是多么残暴。

如果秦二世的残暴只是肃清权力障碍，那么稳定政权之后他又做了些什么呢？

秦二世是被赵高和李斯扶持即位的，即位后，我们发现秦二世在很大程度上听从于赵高。

身首异处的白骨
(计算机模拟复原图)

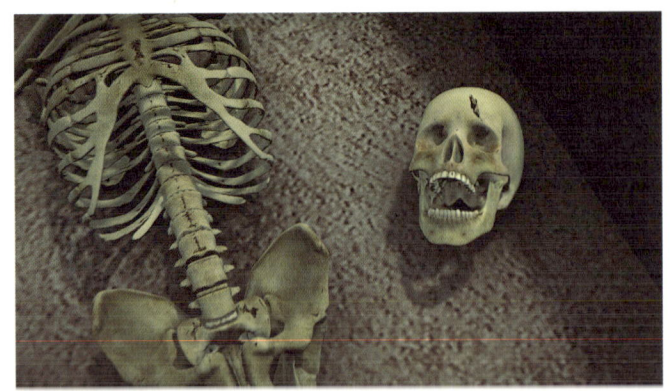

赵高对秦二世说道，先帝统治的时间很久，群臣没有敢表达不同政见的，现在陛下即位，年纪轻轻，与众臣廷议容易暴露自己的弱点，这样的话如何维护自己的权威呢？因此秦二世很心虚地深居在宫禁中，相关事宜则单独与赵高讨论。

在司马迁的记载中，秦二世"法令诛罚日益刻深，群臣人人自危，欲叛者众。又作阿房之宫，治直道、驰道,赋敛愈重,戍徭无已",即国家法制比秦始皇时期更加严酷,赋税比秦始皇时期更有增无减。所以秦二世统治时期国家法制严酷的程度不仅仅是"黔首振恐",甚至"宗室振恐""人人自危",以至于杀人多的执法官会被认为是朝廷的忠臣。可以说秦二世在赵高的辅佐下不仅真正做到了灭大臣,也做到了灭骨肉,大秦帝国这个以水德而王的黑色帝国此时在秦二世的统治之下真正变成了一个黑色的恐怖帝国。

正是在赵高和秦二世统治下的秦王朝出现了中国历史上著名的一个成语"指鹿为马"。在一次朝会上,赵高弄来一只鹿作为礼物献给胡亥,对胡亥说这是一匹好马。胡亥听了不禁笑出了声:"丞相怎么开这样的玩笑,这明明是只鹿,你怎么说是马呢?"赵高仍然坚持说是马,胡亥便问在场的大臣们,大臣们因为害怕赵高的权势,很多人便随声附和着说是马。其他人有的说是鹿,有的装聋作哑。事后,赵高便根据大臣们的不同说法区别对待:说是鹿的人一律找借口杀死,说是马的人则被当成自己一派的人。一个权臣将天子和众臣玩弄于股掌之间,天子与朝廷的尊严可谓丧失殆尽,而赵高的丑恶与跋扈可见一斑。

就在这样的政治环境下,赵高也没有忘记让秦二世学习始皇帝巡视天下的做法,认为只有像先王那样巡行郡县,才能显示王者的威仪,从而威服海内。秦二世沿着秦始皇东巡的足迹再走了一遍,而且在始皇帝刻了文字的石头上再次刻了字,以宣扬自己的功德和权力;但是严酷而高压的统治却并没有让秦二世的东巡"威服海内"。

可以说秦统一中国,是中国历史的一个转折点,也是秦灭亡的起点。秦帝国过度地消耗透支了它的精力和生命,而秦二世的统治更是加速了大秦帝国灭亡的脚步。在大厦将倾的时候,曾经所向披靡的秦军也参加了战斗,但它的战斗力与十五年前相比,已是天壤之别。

秦军最后的传奇开始于几乎所有中国人都熟知的那段历史。

那是一个大雨滂沱的夜晚,900名被征集去戍边的壮丁,因为大雨耽误了行期,按照《史记》的说法,秦法规定误期当斩,于是,陈胜、吴广率领着这900戍卒揭竿而起,大家推举陈胜为将军,吴广为都尉,于是很快组成了一支农民起义军。而六国后裔也紧接着群集响应,各地民众也立即响应,起义如干柴烈火蔓延到帝国的各个角落。天下就这样开始大乱。

中国历史上第一次农民大起义就这样爆发了,而"秦法误期当斩"也成为几千年来的通论。人们不知道的是,《史记》在这件事上的记载可能误导了我们几千年,直到20世纪的考古发掘为我们提供了"秦律"的第一手资料。

1975年12月在湖北省云梦县睡虎地秦墓中出土了大量竹简。这些竹简写于战国晚期及秦始皇时期,其内容主要是秦朝时的法律制度、行政文书、医学著作以及关于吉凶时日的占书。其中法律部分记载了秦代施行的二十几个单行法规的条款原文,共记载法律条文六百条。其中关于误期是否当斩条文明确规定:"御中发征,乏弗行,赀二甲。失期三日到五日,谇(suì);六日到旬,赀一盾;过旬,赀一甲。水雨,除兴。"(为朝廷征发徭役,如耽搁不加征发,应罚两副铠甲。迟到三天到五天,就会受到斥责;六天到十天,罚一个盾牌;超过十天,罚一副铠甲。如果遇到发大水或下暴雨无法起行的,可免除本次征发。)

从出土秦简我们可以看

汉代画像砖拓片"导车"

到,秦朝的法律并没有"误期当斩"的记载,所以秦军的法律远远没有人们想象的那么严酷;而从鱼腹中暗置"陈胜王"的丹字帛书来看,只能说大泽乡这场农民起义应该是陈胜、吴广早有预谋的一次起义。

即使是早有预谋的一场起义,这场不到1000个戍卒发动的起义,对于强大的大秦帝国来说,实在不应该是一件大事,然而大秦帝国的历史却恰恰因为这次起义而发生了转折。

历史的真相或许有另一种可能,那就是陈胜、吴广所谓的"误期当斩",正是秦二世残暴高压统治下被扭曲的秦法?如果真的是,那么我们也就能很好地理解起义军以扶苏为号召来推翻秦二世而不是推翻秦王朝的口号了。

无论如何,六个月后这场起义最终失败,然而天下反秦的战争却就此拉开了序幕,曾经被灭的六国的王族集结起军队,开始冲击曾经横扫六国的大秦帝国。然而,我们看到的却是大秦帝国在这个时候竟如强弩之末,一战而亡。

农民起义掀起反秦浪潮的时候,秦王朝的中央政府却派出了一位为皇室掌管财务和工艺制作业的少府章邯担任将军,带领着骊山10多万刑徒去反击起义军。虽然章邯作为一个皇室的少府展现了惊世的军事天才,然而他一个人无论如何也难以拯救一个帝国。

公元前207年,秦二世执政第三年的7月,巨鹿之战后归降项羽的20万秦军跟随着项羽的大军挺进关中,在路过河南新安的时候却被一夜坑杀,秦军天下无敌的威风与神话也就此完全终结。

8月,丞相赵高逼杀秦二世,去秦帝号,立子婴为秦王;5天后,子婴诛杀赵高;10月,刘邦率兵入关,在位仅46天的子婴脖子上缚着绳子,带着皇帝的玉玺在灞水西岸向刘邦正式投降,大秦帝国的历史就这么结束了。

我们不能不疑惑,在帝国关键的时刻,曾经横扫六国的秦军都去了哪儿?

为什么一个强大的帝国如此轻易地一战而亡？秦帝国覆灭的秘密究竟是什么？

让我们回到始皇帝去世的那一年，看看大秦帝国究竟发生了什么。

蒙恬墓

这个时候,有一个问题值得我们注意,那就是陈胜、吴广起义的口号:"天下苦秦久矣。吾闻二世少子也,不当立,当立者乃公子扶苏。扶苏以数谏故,上使外将兵。今或闻无罪,二世杀之。百姓多闻其贤,未知其死也。项燕为楚将,数有功,爱士卒,楚人怜之。或以为死,或以为亡。今诚以吾众诈自称公子扶苏、项燕,为天下唱,宜多应者。"从陈胜吴广起义的口号来看,"天下苦秦久矣"说明人们对秦朝严酷的法制已经抱怨很久了,但是秦始皇的功德和铁腕的震慑力,并没有让蠢蠢欲动的人士有谋反的心迹,相反人们认为秦始皇的儿子扶苏是一位贤人,因为犯颜直谏,而获得了百姓的认可,因此在百姓中有一定的威望,因此陈胜、吴广起义的首要口号是诈称扶苏的名义来推翻秦二世,口号的主题并不是推翻秦王朝。

但是陈胜、吴广起义的口号中的另一个内容对于秦帝国来说却是最要命的,因为口号里提到的是原来楚国有影响的名将项燕,这个口号可以将原来的楚国后裔都聚集在一起,那么这就不只是推翻秦二世的暴政了。他们心中长久以来的灭国仇恨、复国梦想决定了他们的目标就是要推翻秦王朝。

虽然陈胜、吴广的起义最终失败,但是他们却拉开了六国后裔们起义复国的序幕。尽管如此,在项羽破釜沉舟大战秦军之际,其他诸侯国的后裔却在作壁上观,可以看出,大秦军队的余威依然震撼着这些被灭国的六国后裔。

那么这个时候的秦王朝在做什么呢?

陈胜、吴广揭竿而起,六国后裔云集响应,因此右丞相冯去疾、左丞相李斯、将军冯劫建议这个时候朝廷应该停止阿房宫工程,惜民力,聚人心,减轻民众徭役负担。不料却遭到了秦二世的严厉驳斥,并认为这是对先帝的不忠,"今朕即位二年之间,群盗并起,君不能禁,又欲罢先帝之所为,是上毋以报先帝,次不为朕尽忠力,何以在位?"于是这三位帝国的支柱便被秦二世治罪下狱,身为右丞相的冯去疾和将军冯劫在被捕前商量说"将相不受辱",也就是一个国家的将军和丞相是不能被人侮辱的,于是两个人就一起自杀了。最后,李斯也被腰斩于东市。李斯扶持了一位昏聩的帝王,自己也成了这种昏聩政治的牺牲品。

大秦帝国的支柱就这样一个个倒塌了,秦王朝在赵高和秦二世的高压统治之下可谓人心尽散、众叛亲离。既然天下大乱,文臣武将众叛亲离,那么在这个关键的时刻,谁来替大秦帝国扫荡这些"关东贼寇"呢?

在这个关键时刻能为大秦帝国挺身而出的谋臣和勇将没了,令人想不到的是,一位皇室的少府章邯站了出来,说这个时候应该免除骊山工程的劳役苦力,将他们武装起来,抵抗叛乱的"关东贼寇"。于是获得秦二世信任的章邯率领着由骊山苦力武装起来的军队向东出发,去镇压这些揭竿而起的叛军。

出乎人们意料的是,大秦帝国的一位少府竟然表现出了惊世的军事天才,20多万大秦帝国的苦力表现出了胜似正规军的战斗力。

历史有时候就是这么有趣,曾经横扫六国的秦军最后的传奇和辉煌竟然是由一批苦力来完成的。十几万被武装起来的苦力在一位大秦税官的带领下竟然势如破竹,一路屡战屡胜,先后攻灭起义军周文、田臧等部几十万农民军,逼迫陈胜遁走。这是十几万苦力在一位大秦税官的带领下建立的军功,那么我们是否可以想象,如果曾经天下无敌的秦军还在,那么大秦帝国还会覆灭吗?

我们不能不疑惑,在这个时候,曾经横扫六国、战无不胜的秦军究竟去了哪里?

最后的秦军

要了解最后的秦军,我们不能不再次回到始皇帝的年代。

公元前221年,大秦王朝终于攻灭六国,秦王嬴政开始号称始皇帝,但是始皇帝的视野之内还有没有被征服的土地,这块土地便是岭南的百越之地。此外匈奴人侵犯着北国边疆,于是始皇帝任命蒙恬为将军率领30万大军守护在北国边疆。

公元前219年,始皇帝任命屠睢为主将、赵佗为副将率领50万大军平定岭南。虽然秦军的装备和军事素养远在百越人之上,但从征发50万大军可见始皇帝也充分意识到了远征岭南的艰巨性。针对百越各部居处分散的特点,秦军采取五路分兵进军,遇有大敌再合兵进击的行动方针。秦军第一路进展顺利,出兵当年就平定了东瓯和闽越地区,设置了闽中郡。其余四路由于山高路险、河道纵横,行军作战及军粮运输极为困难,加之百越各部的顽强抵抗,相持三年未能取胜。特别是秦军将领屠睢滥杀无辜,引起当地人的顽强反抗,不仅进行了三年的战争未能取胜,而且自己也被土著射杀。

针对军粮输送过于遥远、艰辛的问题,始皇帝的解决策略是开发水路运输。因此始皇帝开始建造自己统治时期的又一项伟大工程——

灵渠

灵渠。公元前214年，秦始皇命监御史禄掌管军需供应，督率士兵、民夫在兴安境内湘江与漓江之间修建一条人工运河。但是湘江和漓江有高达数米的落差，于是工程人员在湘江的分流上安置了水闸，用水闸的开合解决了落差的问题，从而确保了灵渠的畅通。灵渠修成后，便成了世界上最古老的运河之一，并在历史上享有了"世界古代水利建筑明珠"的美誉。

有了灵渠的便利，大秦远征军的军粮得以顺利运输。由于屠睢被土著所杀，秦始皇重新任命任嚣为主将，和赵佗再次进攻百越各部族，完成平定岭南的大业。此番进军成功占领百越之地，并设置了南海、桂林、象郡三郡。任嚣被始皇帝委任为南海郡尉。南海郡下设博罗、龙川、番禺、揭阳四县，赵佗则被委任为龙川县令。

秦军南征百越之战史称"秦瓯战争"，但是在史书上的记载比较少，只有《淮南子》等少数书中有少量相关记载。历史上之所以称这次战争为"秦瓯战争"，主要是因为百越土著部队的参战主力为西瓯军，还包括少量当地其他百越地区的土著越人，总指挥是西瓯部落联盟首领译吁宋。当时的两广总人口数根据考古学家的估计都不会超过50万，能战的适龄青壮年在5万人上下，仅及秦军十分之一。虽然秦军在设备和数量上占据着绝对的优势，但是在恶劣的气候和陌生的地形环境下，依然陷入了战争的泥潭。《淮南子·人间训》记载："越人皆入丛薄中,与禽兽处,莫肯为秦虏。相置桀骏以为将,而夜攻秦人,大破之。杀尉屠睢,伏尸流血数十万。"从《淮南子》的记载可以看出,越人借助熟悉的地形在丛林中和秦军展开了游击战,导致秦军损失惨重。"数十万"这个描述足以让我们认识到秦军第一次大战中的损失程度,如果包括后面的两次大战,秦军南征百越之地损失的兵员总计应该在20万左右。如此惨重的损失并没有动摇秦始皇统一岭南的坚强意志,最终岭南地区正式并入了中国的版图。

公元前210年,始皇帝于沙丘驾崩,赵高与李斯合谋扶持了胡亥即位,然而胡亥在赵高的辅佐下实行了极为严酷的统治,导致陈胜、吴广揭竿而起,进而掀起了反秦大起义的浪潮。

那么在大秦帝国动荡的关键时刻,这批远征岭南的秦军会做出什么举动呢?

公元前208年,大秦帝国的南海郡尉任嚣突然病重,当考虑到秦二世愚蠢而残暴的统治引发起义之后,便与赵佗共商割据岭南以避战乱,并将其南海郡郡尉的职位交给了赵佗。根据《史记·南越列传》的记载,任嚣对赵佗说了这样的话:"秦为无道,天下苦之,陈胜等州郡各共兴军聚众,虎争天下,中国扰乱,未知所安。南海僻远,吾恐盗兵侵地至此,吾欲兴兵绝新道……且番禺负山险,阻南海,东西数千里,颇有中国人相辅,此亦一州之主也,可以立国。"从任嚣的话来看,天下人对于秦朝的苛政埋怨很久了,这才导致有人造反,现在群雄逐鹿,不知谁会胜利,所以就不去凑这个热闹了。虽然岭南之地偏僻遥远,但他也很担心这些起义军有一天杀到这里,所以决定废掉内地到岭南新修的通道,这样既阻止了秦军的北上,也断绝了内地起义军,也就是"盗兵"南下侵扰南海的后顾之忧。而且番禺这个地方东西数千里,靠着大山的天险,是可以割据一方、独立立国的。因此任嚣死后,赵佗逐步寻机杀掉了原来秦朝任命的南海的官员,以自己的亲信取而代之。于是大秦帝国的这支军队就这样留在了岭南。秦朝灭亡后,赵佗自立为南越武王,真正实现了独立建国的想法,直到汉武帝时期,赵佗的南越王国才再次回到中华帝国的体系之内。

而大秦帝国的命运与自己造就的这支军队就这样擦肩而过,也注定了大秦帝国悲壮的结局。那么镇守在北疆的30万大军是否可以挽救帝国的命运呢?

1906年,日本的足立喜六拍摄的秦阿房宫遗址

蒙恬死后,守卫北国边疆的军队由王翦的孙子王离统领,当起义军撼动大秦帝国的江山时,这支军队最终决定南下参战,挽救自己曾经用铁与血缔造的帝国。但是历史记载,这支军队在南下的过程中行动迟缓,今天没人知道更具体的原因,但是有一个原因或许是可能的,那就是当秦军主力南下的时候,匈奴人趁机来侵扰大秦帝国的边关,因此这支军队可能顾虑着匈奴人的进攻。或许另一理由也是存在的,那就是赵高和秦二世腐败、残暴而高压的统治,让这些秦军将士陷入了犹豫之中,那么多的文臣武将被杀,下一个会不会是自己?这样一个腐朽而残暴的王朝,是否有挽救的必要?

阿房宫遗址,文物保护碑后面就是阿房宫的前殿

王离统领的20万秦军可谓大秦帝国在最后的时刻投入帝国保卫战仅有的一支正规军。相比这支正规军,令世人更为震惊的却是一支由骊山的"徒"和"奴产子"临时组成的军队,而率领这支军队的却只是一位皇室的少府——少府是九卿中级别最低的官员,为皇室负责日常开支、手工制造,日常的工作和军事完全不相关。然而就是这样一位在九卿中级别最低的少府,却要担负起帝国保卫战的庄严使命,并成就了秦军最后的绝响。

秦二世二年,陈胜、吴广发动大泽乡起义后,起义军一路如入无人之境,可见此时天下骚乱的程度。此时对于大秦帝国来说,可谓兵临城下、命悬一线。在关键的时候为秦二世谋划的是少府章邯,章邯认为既然盗贼已经打了过来,这个时候调用周边郡县的部队已经来不及了,只能赦免在骊山服劳役的"徒"和"奴产子",将他们武装起来派赴战场。

那么重要的问题是在骊山服劳役的刑徒和奴隶有战斗力吗?他们能否承担护卫帝国的任务?然而历史就是这样有趣,就是这样一批大秦的苦力和奴隶打败周文,一路向东,屡战屡胜、势如破竹,逼退陈胜、吴广,展现着大秦帝国最后的军魂。

一个帝国的少府,临危受命,率领着在骊山服劳役的"徒"和"奴产子"打败了周文的数十万起义军,随后又连续破邓说、败伍徐、斩蔡赐、降宋留,迫陈胜遁走至城父。在章邯围城的强大攻势下,陈胜最终被自己贴身的庄贾杀死,开城降秦。随后楚国名将项梁进兵定陶,章邯发动全部兵力围攻楚军,最终楚军战败,项梁战死。

或许我们在这里可以尝试揭示下这支秦军具有强大战斗力的秘密。

史书上对骊山劳役组成成分,主要有这样几类记载:

一、《史记·秦始皇本纪》(三十五年)记载"……隐宫、徒、刑者七十万人,乃分作阿房宫,或作骊山";

二、《史记·陈涉世家》"秦令少府章邯免骊山徒、人奴产子,悉发以击楚军";

三、《史记·黥布列传》"骊山之徒数十万,布皆与其徒长、豪杰交通"。

从史书的记载来看,骊山劳役的人员构成中包括这样几类人:隐宫、徒、刑者、人奴产子、豪杰。

那么,什么是隐宫?学者们结合兵马俑出土陶文的记载信息认为,云梦秦简中出现的"隐官(工)"也就是《史记》所提及的"隐宫",兵马俑陶文中出现的"宫"即为"隐宫工"的简称。云梦秦简中的《军爵律》"将司人而亡"中有两条记载犯罪立功"已刑者处隐宫",说明隐宫可能是一处受过肉刑的人戴罪立功成为庶人后所在的地方,而这些在隐宫中的人就叫隐宫工,他们已成为庶人,也就是已经成为自由人了。而这些自由人相比于那些刑事犯罪的刑者显然有着更大的自由。这些隐宫工是否一定就是受过肉刑的人呢?如果兵马俑制作工匠中的"宫"就是一批受过肉刑又戴罪立功的人,那么我们看着壮观威武的兵马俑又该是一种什么样的心情?

不过我们可以确定的是大秦帝国的少府并非如汉代史籍所载的是九卿中掌"山河地泽"的税官,章邯作为少府负责的是皇室的手工制作,也就是"工室",因此我们可以想象,归章邯领导的工匠技艺者应当就是这些隐宫工。这些隐宫工是否真的就是一批受过肉刑又戴罪立功而恢复庶人身份的工匠,我们可以表示怀疑,不过我们可以大致了解《史记》中提及的"隐宫"是一批近似什么身份的人,或许新的文字材料在未来的时间能给我们更准确的答案。

徒在先秦时期有步兵、士兵的意思。《诗经》有"公徒三万",是指国家军队3万人。《左传》"率徒以往",是指带领军队前往。在秦律中也多指普通服徭役的人。《始皇本纪》"使刑徒三千人皆伐湘山树,赭其山",指的便是受过肉刑后被罚做劳役的人,以区别于普通劳役者。所以"刑者"也就是指刑事犯罪的犯人了。

在《史记·黥布列传》中提到的"徒长"便应当是这些劳役或者兵士中的管理人员,而"豪杰"能够成为"骊山徒"中的一员,应当也是和黥布一样的刑事犯罪分子。

这些成员之外,在骊山服役的还有另一个群体便是"人奴产子",也就是奴隶的后代。

至此,我们可以大致认为"骊山之徒"包括服劳役的普通大秦子民、士兵,包括游侠和豪杰在内的各类刑事犯罪分子,还有不知是否真的全部受过肉刑的一批隐宫工,还包括章邯自己手下的技术工匠。不过最新的考古发现令人震惊,为始皇帝服劳役的不仅仅是大秦帝国的这些子民,甚至还包括一些外来的"洋劳工"。

2006年6月28日,华西网陕西频道发布了新华社记者冯国、李勇采写的一篇名为"DNA鉴定:秦兵马俑坑旁葬有2200年前'洋劳工'"的报道。报道称专家们共对秦兵马俑坑旁劳工墓里的50个劳工遗骨个体进行了DNA检测研究,通过DNA检测发现,在秦始皇兵马俑坑旁埋葬着一具两千两百年前具备欧亚西部特征的人类遗骸,死者生前是修建秦始皇陵的劳工。

这些劳工墓位于秦兵马俑博物馆门前约500米,是陕西省考古研究所秦始皇陵考古队2003年初清理一处为秦始皇陵烧制砖瓦的窑址时发现的。

秦始皇陵考古队队长、陕西省考古所研究员段清波说,这是首次发现"洋劳工"在两千两百年前已来到中国腹地。西北大学考古系主任王建新说,"洋劳工"出现在中国腹地,其意义犹如在金字塔修建者中发现了东方人一般,在东西文化交流史上具有重大意义。

专家们在初步认定古DNA的基础上,通过与部分现代人线粒体DNA数据的比较参照,对所研究样品单倍群归属进行了初步确定,从中发现一个个体具有欧亚西部特征,是比较典型的欧亚西部T类群

兵马俑考古发掘现场

个体。

　　复旦大学现代人类学研究中心博士生徐智说,50个劳工遗骨个体为随机选取,人骨样品部位主要是肢骨残段;世界上具有这种欧亚西部T类群的个体有10例,分别属于信奉拜火教的帕西人及波斯人和库尔德人。欧亚西部特征遗骨的发现表明,在汉代丝绸之路繁荣之前,东亚人群和欧亚西部人群间可能已发生较为频繁的联系,甚至出现了一定的基因交流,并声称希望这个结果能由其他实验室做进一步研究证明。

　　也有相关专家认为这个"洋劳工"很可能是被人抓来的,他的基因虽有欧亚西部成分,但很可能不是第一代,也就是说这位"洋劳工"在大秦帝国已经成了始皇帝的臣民,不管他是奴隶也好,自由人也好。这些"洋劳工"既然在这些骊山刑徒的队伍中服劳役,那么他们之中是否就有人可能参加了这次主要由骊山刑徒和奴产子组成的临时军队呢?

如果我们仔细分析,或许便能理解这支临时拼凑起来的军队为什么具有如此强大的战斗力。

《史记·秦始皇本纪》记载秦始皇攻灭六国后,"收天下兵,聚之咸阳,销锋镝,铸以为金人十二,以弱天下之民",这个信息告诉我们,秦始皇统一六国后为了削弱基层百姓可能的反叛力量,将基层所有的兵器都收起来全部熔化铸成了十二个巨大的铜人放在了宫殿门口。我们可以想象,十多年后农民起义军可能手里也会再生产或者缴获一些武器,但是这些武器和秦军规模化、专业化、标准化生产出来的兵器自是不能同日而语的。通过前面的介绍我们知道秦军的长矛有 7 米长,弩箭的射程能够达到 300 米,而且和现在子弹原理相似的三棱箭头更是

秦砖

第六章 最后的绝响:在复活中永生

秦陵大瓦当

可以穿透铠甲、直刺人体。这些技术含量极高的标准化生产出来的武器,无论如何也不是农民军的武器装备可以相比的。

同时我们也知道了,这个临时拼凑起来的"骊山徒"和"奴产子"中有士兵,还有奴隶的后代和一大批违法犯罪的"豪杰"与"刑徒"。诸如英布这样犯了法的角色的确都非等闲之辈,而其中的士兵不论是战俘、逃兵还是普通秦军战士,无疑都有一定的战斗力,而且他们的战斗力应该不是一群被召唤起来的平民百姓组成的起义军所能抵挡的。

但是最重要的原因应该在于下面的这一点:从商鞅变法开始,旧有的贵族不再享受爵禄世袭的特权,秦人在战场上的军功才是其获得爵位的几乎唯一条件,这一激励机制直接成就了秦人在战场上一往直前、英勇杀敌的气魄,秦人在战场上获取的敌人头颅越多,获取的爵位也就越高;所以这些不同身份的"徒"与"奴产子"获得了军功的结果,不仅仅是摆脱因犯身份、恢复自由,他们还会获得大秦帝国官方赏赐的爵位,因此他们在战场上的士气远远不是陈胜、吴广集结起来的农民军能够比的。

同时我们可以注意到,《史记》中记载的为始皇帝修建骊山陵墓的刑徒大约有70万,而根据历史的记载,我们得知章邯率领的这支军队应该在20万上下,那么这20万人一定是这70万人中政治可靠、素质过硬的一批人,尽管他们可能在军事素养上参差不齐。

就是这样一批战斗力参差不齐的军队,在一位大秦少府的带领下竟然创造出了令世人震惊的军事传奇,也成就了秦军最后的辉煌。

项梁这个楚军的顶梁柱既死,章邯便率军北上,与王离军会合,准备齐力拿下赵国。

我们无法确知历史的细节,只能从历史的记载来推测可能的历史真相。

《史记·项羽本纪》记载:章邯"令王离、涉间围巨鹿"。这句记载引起了学者们的一些讨论。从军事级别来讲,王离是帝国镇守边关的正规统兵大将,因军功获封武城侯,而章邯则是三公九卿中级别最低的官员,但是作为秦二世身边宠信的少府,似乎又有着一丝钦差的意味,即便如此,一位临时统兵的少府去命令一位镇守边关的武城侯的可能性还是有些小,如果这是真实的历史,想必也是有些尴尬。真实的过程很可能是两人的沟通协商,并非有"令"的意味。

然而,最重要的是,大秦帝国最终的命运已经不是这两位统兵大将能够决定的了。

不管是两人的协商还是章邯的"令",最终王离攻破信都之后统领着自己的20万大军开始围困巨鹿,而章邯的大军则驻扎在巨鹿之南、漳水北岸的棘原城,并筑起甬道一边确保为王离大军护送粮草,一边警惕着漳水南岸的楚军。

历史的疑点开始在这里出现,理解了这些疑点或许也就解开了大秦帝国终结的秘密。

王离的 20 万大军乃是大秦帝国能够调动的最精锐的部队，而信都、巨鹿则是张耳、赵王这些六国后裔临时拉起来的部队所守护，而且巨鹿这样的地方也没有坚固的城防，20 万秦军精锐攻破巨鹿应该不是问题，可是巨鹿城和它的守军不仅都安然无恙，而且还有机会穿过 20 万秦军给项羽通风报信？那么为什么王离围了巨鹿五个月？这个时候的王离和章邯还需要等待战机吗？他们此时又在想着什么？

延伸阅读：

臣为丞相，治民三十余年矣。

逮秦地之狭隘，先王之时，秦地不过千里，兵数十万，臣尽薄

二号坑中发掘到的战马

材,谨奉法令,阴行谋臣,资之金玉,使游说诸侯,阴修甲兵,饰政教,官斗士,尊功臣,盛其爵禄,故终以胁韩弱魏,破燕、赵,夷齐、楚,卒兼六国,虏其王,立秦为天子,罪一矣;地非不广,又北逐胡貉,南定百越,以见秦之强,罪二矣;尊大臣,盛其爵位,以固其亲,罪三矣;立社稷,修宗庙,以明主之贤,罪四矣;更克画,平斗斛度量文章,布之天下,以树秦之名,罪五矣;治驰道,兴游观,以见主之得意,罪六矣;缓刑罚,薄赋敛,以遂主得众之心,万民戴主,死而不忘,罪七矣。

若斯之为臣者,罪足以死固久矣。上幸尽其能力,乃得至今,愿陛下察之!

——李斯《狱中上书》

这个时候战局的确在发生变化,不仅仅是战局,整个天下似乎都在发生着变化。

在大秦帝国的朝廷上,左、右丞相李斯、冯去疾和将军冯劫劝谏秦二世惜民力停止阿房宫等劳民伤财的巨大工程,因而先后被迫自杀或被腰斩。整个帝国处在恐怖的高压之下,这不能不对前线的将领们有所触动。或许他们在观望时局,或许他们在期待朝廷能做出一些有利帝国的举动,然而就在围困中,诸侯援军陆续赶来,可是没人敢进攻王离统领的这支秦军精锐,而是作壁上观——是的,"作壁上观"这个成语就是这么来的。

《史记》在这里的记载似乎出现了一些矛盾或者破绽,也因此引起了学者们的一些争议。

《项羽本纪》记载项羽破釜沉舟大战秦军,"九战"才断绝了王离的甬道,导致王离兵败被俘,副将苏角被杀,涉间自焚殉国。那么项羽要围困王离,至少应该彻底打败在外围保护的章邯才对。"九战"断了王离的甬道,也就是说切断了王离的粮草,这个时候项羽围困王离,则同

统一不久的中华大地风烟再起

样会被章邯夹击,那么这个时候章邯真的被打败了吗?

司马迁在《史记·黥布列传》中记载,项籍在这个时候派遣了由黥布率领的先锋部队渡河攻击秦军,几次都获得了胜利,因此项籍便率领大部队悉数过河参加大战,攻破楚军,降服了章邯,诸侯们很佩服楚人,因为黥布能以少胜多。那么这位东出函谷关一路屡战屡胜的大秦军事天才真的这么轻易被黥布和项籍打败了吗?

《项羽本纪》对章邯又有这么一段记载,秦军"数却",结果让秦二世知道了,因此秦二世对章邯进行了谴责,章邯因此而开始担心。因为大秦帝国的左、右丞相和将军都在此前因为劝谏而毙命,何况一个在战场上吃败仗的税官。因此章邯派遣长史司马欣回到咸阳"请事",也就是说明情况,或者请罪,但是司马欣连这个机会也没有得到,到了咸阳城连续等待数日仍无人理睬,他感觉到了赵高对自己的不信任,因此这个时候司马欣甚至有些害怕。司马欣担心被赵高所害,所以最终还是决定尽快逃走,而且没敢沿着原路返回。果不其然,赵高最终还是派了人来追杀司马欣,只是最后没能追到司马欣,于是司马欣这才回到军营,将朝廷的情况仔细报告给了章邯:"赵高用事于中,下无可为者。今战能胜,高必嫉妒吾功;战不能胜,不免于死。愿将军孰计之。"司马欣认为秦军在外打了胜仗,赵高会嫉妒军事统帅的军功,因为将士的军功和实力也可以威胁到他的地位;打了败仗,那么就更有理由被判死罪了,到了这个时候,司马欣希望章邯能好好考虑考虑了。

章邯,这位大秦帝国最后的名将就这样处在了如此尴尬的历史境地,与叛军的战争无论胜负自己都真的不会有好结果吗?如果无论胜负都不会有好结果,那么还要不要为大秦帝国浴血奋战、决战到底呢?就在这个时候诸侯国大将陈馀给章邯写了一封信:

> 白起为秦将,南征鄢郢,北坑马服,攻城略地,不可胜计,而竟赐死。蒙恬为秦将,北逐戎人,开榆中地数千里,竟斩阳周。何者?攻多,秦不能尽封,因以法诛之。今将军为秦将三岁矣,所亡失以十万数,而诸侯并起滋益多。彼赵高素谀日久,今事急,亦恐二世诛之,故欲以法诛将军以塞责,使人更代将军以脱其祸。夫将军居外久,多内隙,有功亦诛,无功亦诛。且天之亡秦,无愚智皆知之。今将军内不能直谏,外为亡国将,孤特独立而欲常存,岂不哀哉!将军何不还兵与诸侯为从,约共攻秦,分王其地,南面称孤;此孰与身伏斧质,妻子为戮乎?

章邯看到这份劝降书一定思虑万千,自比白起、蒙恬不如,那么在秦二世和赵高愚蠢而残暴的高压下,自己取得战功最终又能有什么样的命运?因此章邯最终派人约见项羽,但是《史记·项羽本纪》为了表现项羽的英勇而表述为"约未成,项羽使蒲将军日夜引兵渡三户,军漳南,与秦战,再破之。项羽悉引兵击秦军汙水上,大破之",也就是项羽没有接受章邯的约见而引兵大破秦军。然而在《史记·张耳陈余列传》中,司马迁又记载"项羽兵数绝章邯甬道,王离军乏食,项羽悉引兵渡河,遂破章邯",因此诸侯军才敢围击巨鹿秦军,因此才打败了王离。

《史记·项羽本纪》的表述认为项羽十一月以当阳君、蒲将军为先锋,随后破釜沉舟,在次年的正月才攻破王离的军队,之后章邯约见项羽未成而成了项羽的手下败将才归降了项羽。而从《史记·张耳陈馀列传》则看到的是项羽首先破坏了章邯为王离输送粮草的甬道,导致王离粮草不济,然后先破章邯后俘虏了王离。

因此可以说《史记》给了我们矛盾的记载,这和司马迁撰写《史记》参考文献太多,体量太大有一定关系,不过我们根据陈馀的劝降书来看,章邯应该是在诸侯军攻破巨鹿秦军,诸侯们已经认可项羽为上将军之后接到陈馀送来的劝降书的,因为陈馀为赵国大将,如果诸侯联军没有攻破巨鹿秦军,那么收到劝降书的应该是陈馀才是,所以我们根据《史记》多篇的内容综合考量,只能认为以项羽为主力的诸侯军攻破巨鹿在先,随后章邯对大秦帝国心灰意冷,在接到劝降书后带着自己的20万兵马主动归降了项羽的大军。

那么项羽刚打王离之时,章邯是否被项羽的另一支军队牵制住了?是否也是在作壁上观?我们无法知道历史的细节,王离的20万兵马围困巨鹿数月为何没有迅速将其攻破?是否也因为朝廷上的左、右丞相和将军死于非命而心灰意冷?还是因为粮草被赵高刻意减扣?

蒙恬墓

我们无法知道历史的细节，但我们知道王离统领着帝国的20万精锐为帝国进行了最后的血战，最终兵败被俘，秦军战无不胜的神话就此彻底终结。而另一只秦军则因为秦二世和赵高的统治心灰意冷，选择了放弃保卫这个黑色而残暴的帝国，于是帝国只能不可避免地走向了覆灭。

归降项羽的20万秦军在开往关中路过河南新安的时候，因为项羽认为"秦吏卒尚众，其心不服，至关中不听，事必危，不如击杀之"而不幸被项羽坑杀，成了秦军历史上最后的悲剧。坑杀秦军、斩杀子婴便成了项羽生命中无法被抹去的污点。

历史就是这样惊人相似，项羽杀掉了20万秦军，而他本人正是在原来秦军将士的逼迫下在乌江自刎。楚汉垓下决战，投降汉军的原秦军将领吕马童、杨喜、杨武、吕胜、王翳等人率军追赶溃败的楚军，也许正是在新安被坑杀的20万秦军将士让他们去终结这位霸王的历史。

项羽没有大格局的心境让自己失掉了天下，斩杀子婴、屠城咸阳、火烧咸阳宫，让项羽的民心所向骤然改变。从考古发现来看，秦始皇兵马俑有大批损毁和被火烧的痕迹，想必也是项羽所为。

王离被俘后，在历史的记载中消失；章邯最后在楚汉相争中兵败身亡，但是在历史上这位大秦少府的军事才华却像一颗耀眼的流星，划过历史的天空，成了关注历史的人们常常回望的一个传奇。著名的历史小说家蔡东藩这样评价章邯：

> 盖章邯为秦之骁将，邯不败，即秦不亡。且山东各国，无敢敌邯，独羽以破釜沉舟之决心，与拔山扛鼎之大力，一往直前，九战皆胜，虏王离、杀苏角、焚涉间，卒使能征善战之章邯，一蹶不振，何其勇也！然使秦无赵高之奸佞，二世之昏愚，则邯犹不至降楚，或尚能反攻为守，亦未可知。天意已嫉秦久矣，故特使赵高以乱其

中,复生项羽以挠其外,章邯一去而秦无人,安得不亡!谁谓冥冥中无主宰乎?

曾经横扫六国的军队就这样在历史中谢了幕,谢幕的方式如此悲壮,不禁令人唏嘘感慨。

五十多年前,秦军在长平之战后用同样的方式坑杀了40万赵军,也是担心赵军的反复为秦军的一路东扩造成隐患,于是采用了坑杀的方式彻底歼灭了赵国的有生作战力量,40万赵军的尸体让秦军在历史上背负了挥之不去的污点和杀人如麻的骂名。长平之战后,赵国元

咸阳宫(计算机模拟复原图)

气大伤,彻底一蹶不振,再也没有实力与列国争雄,也注定了五十多年后被秦军所灭的命运。近六十年的一个轮回,这一次秦军万万没有意料到的是自己也会以同样的方式被楚军所终结。

秦二世三年(前 207 年),刘邦率军攻破关中的南大门武关,关中震动,丞相赵高发动武装政变,在咸阳望夷宫逼迫二世自杀。在望夷宫政变中,京师军的三个部分皆卷入其中。中尉军属下的咸阳县兵在赵高女婿咸阳令阎乐的统领下,以武力攻占了卫尉军守卫的宫门,进入宫中,与赵高的弟弟郎中令赵成所领的郎中令军会合,攻进殿中室内,逼迫二世自杀。

望夷宫政变后,赵高立子婴为秦王。不久,子婴诛灭赵高。同年 9 月,刘邦军抵达峣(yáo)关、蓝田一带,咸阳告急。子婴紧急调遣中尉军开赴峣关蓝田前线,力图阻止刘邦军的西进。然而秦军最后的一场战斗因为寡不敌众而最终失败,于是刘邦军顺利进抵咸阳东郊灞上,子婴只好率领秦朝百官投降,大秦帝国的京师护卫军队也随之被编入了刘邦军。

然而,对于项羽来说,无论是趁自己救赵之时攻入关中的刘邦,还是对此事默认的楚怀王,都无法容

第六章 最后的绝响:在复活中永生 | 273

忍。于是他统领着大军攻入函谷关，在戏水河畔摆下军阵和鸿门宴。

鸿门宴之后，项羽进入咸阳城，将投降的秦朝王族和廷臣尽数斩杀，并火烧咸阳宫。项羽在发泄了自己对秦王朝的心头之恨后，在咸阳分封天下，立十九王，建十九国。项羽以西楚九郡之地自封"西楚霸王"，而旧秦国则被分为四个王国，以刘邦为汉王，领巴、蜀、汉中地区，秦的关中地区被分为雍、塞、翟三个王国，史称"三秦"，从此陕西一带便多了"三秦"的别称。秦的京师军，在项羽的命令下由刘邦军中分出，编成了三秦军。

然而，项羽的分封不仅违背了历史发展的规律，也违背了地主阶级自身发展的利益，特别是对于很多分封的王来说，这是一次很不公平的分封，于是战争在这些诸侯王之间很快爆发。就在项羽平息这些诸侯国战争的时候，刘邦军从汉中攻入关中，塞国和翟国投降，雍国也于次年6月被攻克。三秦军，也就是原来秦王朝的京师军再次全部归属于汉军，而三秦军中的骑兵部队也归属了由灌婴所统领的骑兵。也正是灌婴统领的这支原来的秦军铁骑奉命追杀项羽到了垓下，逼迫项羽乌江自刎。

这便是秦帝国仅剩的秦军最后的命运：他们只能依附和追随一个新的政权。

历史常常就是这样诡异和巧合。项羽坑杀了20万秦军，最后奉刘邦之命追杀项羽的也正是原来护卫京师的秦军骑兵卫队。项羽在垓下被围，见大势已去，便在乌江自刎，随后追杀项羽、逼迫项羽自尽有功的五位原秦军将士在历史上留下了姓名，而且他们因追杀项羽有功而获得了封侯的奖励，他们便是：赤泉侯杨喜，中水侯吕马童，吴防侯杨武，涅阳侯吕胜和杜衍侯王翳。原来的秦军将士就这样成了大汉王朝的"侯"。

于是秦帝国最后的这支京师护卫军成为了汉军的一部分，开始为中华历史上新出现的大汉王朝驰骋疆场。而秦军的历史也就这样彻底终结。

秦国统治集团的愚蠢与残暴极大地影响了秦军的战斗力；秦国的严刑峻法，更使底层的百姓揭竿而起，并且起义的态势很快星火燎原。农民起义点燃了全民反秦的导火索，原来的六国后裔随即响应，力图恢复他们昔日的地位与荣华，而楚人则几乎成了推翻秦帝国的主力，楚国贵族楚南公的一句"楚虽三户，亡秦必楚"一语成谶。

于是大秦帝国就这样陷入了起义的汪洋大海，而有后顾之忧的秦军虽奋力而战，却无力回天。而最让人想不到的是，最后的秦军会遭遇被坑杀的命运。

一支伟大的军队结局如此令人沮丧，这在中国历史上还是很少见的，历经五百年没有衰竭过的战斗意志转瞬间土崩瓦解，这样的事实令人难以置信。

秦帝国的横空出世和顷刻间灰飞烟灭的命运，似乎是被一种无法抗拒的力量所主宰，这个深藏不露的力量同样决定了这支军队的沉浮。

在中国历史上，秦文化是独一无二的。秦人注重功利实用，洋溢着昂扬奋进的开拓进取精神，他们崇拜规则和秩序，既让依法治国成了国家治理的主流，也相信武力可以解决一切问题，或许，这种文化传统在秦人发迹之前就决定了日后的崛起，同时也埋下了覆灭的种子。

是始皇帝将秦人的军队带到了辉煌的顶峰。但是，这个帝王超越了时代的野心耗尽了帝国的国力，也透支了国人对这个王朝的期望。

汉朝人贾谊曾说"秦本末并失，故不长久"。古时所说的本指的是农业，秦国农业本就是为国家的战争服务的，强大的秦军在短短十年的时间就所向披靡、横扫六国，顺利一统天下。十年战争以及随后的北击匈奴、南征百越的战事几乎耗尽了帝国几百年的积蓄，被征发后剩余的男子努力耕作也不能获得足够的粮食，女子不停地纺织也不能得到足够的布匹，一些地方甚至孤寡老弱都无法生存。

当生存成了帝国臣民的问题的时候,为帝国效力的尚武精神也被摧毁得消失殆尽。一统天下后,秦帝国已经危机四伏,何况还有蠢蠢欲动的六国后裔。强有力的始皇帝还健在的时候还能对帝国的危局起到震慑的作用,一旦帝国失去了始皇帝,外表强大的秦帝国土崩瓦解便几乎只是一个时间的问题了。

在秦始皇在沙丘病世的八十五年前,也是一个强有力的著名人物,就是那位在战国中期首倡胡服骑射的赵武灵王也是死在了沙丘。不同的是赵武灵王是在内乱中被活活饿死,而秦始皇则是在削平天下,开创了万世基业后病死在了这里。只是始皇帝万万没有想到,他死之后,由他一手缔造的帝国会如此快速地在汹涌的起义浪潮中崩溃。

然而,无论如何,一支军队的命运是紧紧依附在他的国家之上的。在秦军最后的日子里,帝国的秩序已经崩溃。当士兵们在前方拼杀时,他们的家眷已经无人来养活,帝国覆灭的命运已经不可逆转。

大秦帝国就这样走向了灭亡,秦军数百年战无不胜的历史铸造的大秦帝国历经十五年的时间便土崩瓦解。秦军的传奇也就此终结,秦军也就这样成了历史,秦军的秘密也永远地走进了历史的深处,直到20世纪70年代。

在复活中永生

1974年3月29日,注定会成为被历史铭记的一天。

1974年初春,严重的旱情威胁着中国西部八百里秦川,坐落在骊山脚下的西杨村也不例外。西杨村生产队队长杨培彦和副队长杨文学不得不思考如何为大家解决水源的问题,随后西杨村杨全义、杨志发等6个青壮年挥动大镬在村领导考察好的地方挖掘起来。当挖到1米多深时发现了一层红土,这层红土异常坚硬,一镬头下去,咚地火星溅出,却无法穿透——这是一层大约30厘米厚的黏合状红土,很像烧窑的盖顶。随后这口直径为4米的大井深入了地下近4米。他们手中的镬头离那个后来震惊世界的秘密只有一步之遥了——影响历史的重大时刻就这样到来了。

这一日,当杨志发的镬头再抡下去又扬起来的瞬间,有人发出惊呼:"瓦爷!"摆在面前的是一个陶制人头,这个人二目圆睁,紧闭的嘴唇上方铺排着两撮翘卷的八字须,头顶是一个发髻——秦始皇陵兵马俑军阵的第一块陶片就这样出土了。随着镬头的挥舞,一个个陶制俑头、一截截残腿断臂、一堆堆俑片被装进吊筐拉上地面,抛入荒滩野地。当镢头挖到离地面约5米的深处,大家发现了青砖铺成的平面台基,同时还有3个残缺的弩机和无数绿色的青铜箭头。村民们不知道的是,两千年前大秦帝国军队的秘密就要被揭开了。当时能够意识到这个发现重要性的是一位新华社记者。

他就是新华社记者蔺安稳。蔺安稳是临潼县北田乡西渭阳村人,1960年高中毕业后考入西北政法学院新闻系,毕业后分配到北京新华总社工作。他这次回临潼,是探望妻子以及家人。就在这次探亲中,他从妻子口中得知文化馆收藏了农民打井挖出的陶俑。直觉让他当即断言:"这是两千年前秦代的士兵形象,为国家稀世珍宝。"6月24日,蔺安稳匆匆乘火车回到北京,当天晚上他来到东单人民日报社宿舍,找到大学时最要好的同班同学王永安,原原本本地向王讲述了这次返乡的遭遇。王永安在人民日报社评论部工作,所以当他听到秦始皇陵附近发现高大的武士俑,王永安立即意识到,这是研究秦始皇法

1974年,越来越多的兵马俑被发掘出来

1974年,考古学者开始对发现兵马俑的地方进行规划发掘

家路线的重要实物资料,万万不能放过,但围绕如何写稿的问题,王永安考虑了一阵又说道:"这么重大的考古发现,没有经过省、中央文物考古部门的认定,一下子见报恐有困难,不如先在《人民日报》发内参,如能引起中央领导的重视,到时再说下一步。"

20世纪70年代的中国,"批儒评法"的报道压倒了一切,为了顺利通过内参的审核,王永安提笔在导语的末尾加上了这样几句话:"这批武士俑的发现,对于评价秦始皇,研究儒法斗争和秦代的政治、经济、军事,都有极大的价值。"姚文元接到此稿,很是赞赏,当即批了"可发"二字。随后秦始皇陵出土武士俑的内参被江青看到了,这个已是大权在握的女人,此时对于"临潼某些领导同志出于本位主义考虑,不愿别人插手,因此一直保守秘密,没有向上级报告"这件事很恼火,她立即打电话给姚文元,姚文元立即向国务院分管这项工作的副总理李先念转达了江青对此事的态度。中央领导李先念同志看到报道材料,当即批示:"建议请文物局与陕西省委一商,迅速采取措施,妥善保护好这

1974年,袁仲一在兵马俑一号坑发掘现场

1978年,袁仲一在一号坑发掘现场

一重点文物。"同时立即将蔺安稳写的内参紧急批转给分管文物工作的国务院副秘书长吴庆彤和国家文物局局长王冶秋。王冶秋看到文章时,一股难以名状的喜悦与兴奋冲上心头,在这种社会背景下尚有珍贵文物出土,实在难能可贵。最终在王冶秋局长的指示下,一支精干的考古队伍成立了。

7月15日,42岁的考古学家袁仲一和同事一起坐着解放牌汽车,来到临潼骊山脚下的西杨村,开始发掘被埋在黄土中的陶俑武士。袁仲一未承想到的是,领导安排原本一个星期就应该完成的勘测任务,最后却花了大半年的时间;更没有想到的是,自己的后半生就要和这些大秦帝国的陶俑紧密地联系在一起。

> 一把铲,一条绳,探幽寻秘骊山陵,朝朝暮暮情。腰如弓,铲声声,奇珍异宝一宗宗。谁知精血凝?
>
> 石滩杨,荒漠漠,秦皇御军八千多,寰宇俱惊愕。人似潮,车如梭,五湖四海秦俑热。夜长人在何?
>
> ——《长相思》(袁仲一)

经过大约半年时间的勘察,考古人员大体弄清了俑坑的范围和内容,这是一个东西长230米、宽度62米、距地表4.5米至6.5米,共有6000个左右武士形象的陶俑组成的军阵。如此规模庞大的军阵,令考古人员目瞪口呆,此坑定名为"秦俑一号坑"。

大秦帝国曾经战无不胜、横扫六国的秦军就这样在两千多年后以陶俑的形式复活在了后人的世界,并开始向这个世界的人们诉说秦军曾经的传奇和秘密,这些传奇和秘密是在历史的记载中永远也找不到的。

两年后,时间到了1976年的5月,秦俑考古队在一号兵马俑坑北侧的一片树林里,又发现大面积的夯土和陶俑残片,二号兵马俑陪葬坑就此渐露真容;1976年5月11日,很快又在一号坑西端北侧25米处,钻探发现了一个陪葬坑,根据发现的先后,编号为三号坑。三号坑距离一号坑25米,东距二号坑120米,面积约为520平方米,整体呈"凹"字形,由南北厢房和车马房组成,车马房中有一辆驷马战车及4件兵马俑,三号坑共出土兵马俑68个。

从三号坑的内部布局看,应为一、二号坑的指挥部。三号坑是三个坑中唯一一个没有被大火焚烧过的,所以出土时陶俑身上的彩绘残存较多,颜色比较鲜艳。在中国军事史上,春秋战国之前的战争,指挥将领往往要身先士卒、冲锋陷阵,所以他们的位置常常要位于卒伍之前;春秋战国时期随着战争规模的扩大,作战方式的变化,指挥者的位置开始移至中军;秦代战争将指挥部从中军中独立出来,这是军事战术发展的一大进步。指挥部独立出来研究制订严密的

二号坑彩俑出土

作战方案,更重要的是指挥将领的人身安全有了进一步的保证。这是古代军事战术发展成熟的重要标志,也是秦军在军事史上的伟大进步。所以我们可以说,三号秦俑坑是世界考古史上发现时代最早的军事指挥部的形象资料。秦俑三号坑的建筑结构、陶俑排列、兵器配备、出土文物都有一定的特色,为我们研究古代指挥部形制、卜占及出战仪式,命将制度及依仗服的服饰、装备等问题提供了珍贵历史文物资料。

1994年,时隔近二十年,兵马俑二号坑开始正式发掘,任考古队长的袁仲一介绍说,二号坑面积为6000平方米,比一号坑小,但却是整个兵马俑坑的精华所在,内有跪射俑、立射俑、骑兵阵、车阵,在布阵方面尤为复杂,有4个小阵套在一起,即由跪射俑和立射俑组成的弩兵阵、64辆战车组成的车阵,战车、步兵和骑兵联合组成的长方阵和骑兵阵,这4个小阵在一起组成了一个大型军阵,古代兵书称其为"前角后犄"的曲形阵,大阵套小阵,大营套小营,阵中有阵,营中有营,合起来浑然一体,分开又能单独作战。

据了解,与一号坑内容相比,二号坑出土兵马俑种类大大增加,并且大多兵马俑能加以区分其不同兵种属性,如弩兵、车兵、骑兵等,大幅拓展了人们对秦军的认识。不同兵种按不同区域放置,错落变化,各不相同,明显表现为4个相对独立的单元,全坑构筑布局变化也与之相应。单元与单元之间有分有合,有勾有连,展示了错综复杂的军事内容。可以说,二号坑让我们看到了一统六国的秦军真实的军事构成、作战模式。

与一号坑相比,二号坑出土颜色保存更为完好的兵马俑概率更高。专家们认为,此前在二号坑中发现的彩绘兵马俑,保存程度比较好,这是因为二号坑被破坏的程度比较轻,而且二号坑的兵马俑不少

工作人员在进行
现场颜色保护

是跪射俑,个头相对较低,与淤泥混为一体,所以彩绘更容易保存,人们有望看到更精美的彩色兵马俑。

本次二号坑二次发掘的领队朱思红先生是秦始皇陵博物院第一个博士后,朱先生认为本次发掘是进一步认识二号坑的内涵,确定它的属性。二号坑分成24个探方,共四个单元,第一个为1100平方米弩兵方阵,第二个单元是2500多平方米战车方阵,第三个单元是1088平方米的车兵和步兵方阵,第四个单元是1000平方米骑兵方阵。

随着秦始皇陵兵马俑更多考古成果的问世,隐藏在历史深处的那些有关秦军的秘密会更多地走出历史,为我们讲述更多更真实的秦军故事。

秦军和他的缔造者已经离我们远去,但是他们创造的惊世伟业仍

二号坑发掘初期散乱的兵马俑

秦俑博物馆全景图　然让我们仰视。

　　秦人以自己惊世的伟业成就了自己的声名。中国在英文中被称之为"China",即是由古印度梵文 china、chinas,阿拉伯文 Cya、Sin,拉丁文 Thin、Thiae 演变而来,而这些词的意思都是"秦"的音译,由此可以看出秦军和秦军所创立的帝国给这个世界的影响,无疑他们创建的帝国是古代社会最为耀眼的帝国之一。

　　让我们再一次凝视这些两千多年前的军人,他们曾经造就了当时

世界上最庞大的帝国,也成就了我们中华民族的历史。

今天,我们使用的文字来自秦人,我们广袤的国土是大秦帝国的延续,我们大一统的中华民族正是在大秦帝国时期开始形成。

两千多年前的秦军依然向我们诉说着他们曾经的辉煌和传奇。

两千多年前的大秦帝国,仍然和我们血脉相连。

附录

秦国历代君王表

秦非子（前 900 年—前 858 年在位）伯益之后，商朝重臣恶来五世孙，周朝诸侯国秦国开国君主。

秦侯 （前 857 年—前 848 年在位)? 秦非子之子。

秦公伯（前 847 年—前 845 年在位）秦侯之子，在位仅三年。

秦仲 嬴仲（前 845 年—前 822 年）秦公伯之子。周宣王五年（前 823 年），以秦仲为大夫，令攻西戎，次年秦仲战败而死。

秦庄公 嬴也（前 821 年—前 778 年在位）秦仲长子。周宣王七年（前 821 年），秦庄公率兄弟五人以及周朝兵马七千人，击败西戎，周宣王封庄公为西垂大夫，封大骆犬丘（甘肃天水市西南礼县一带）之地。

秦襄公 嬴开（前 778 年—前 766 年在位）秦庄公次子。公元前 770 年，秦襄公派兵护送周平王东迁，被封为诸侯，又被赐封岐山以西之地。自此，秦国正式成为周朝的诸侯国。

秦文公（前 765 年—前 716 年在位）秦襄公之子，建立了秦人历史上第一个真正意义上的都邑，设史官纪事，制定罪诛三族的刑法。文公十六年（前 750 年），文公派兵讨伐西戎，西戎败逃，秦国地盘扩展到岐山。

秦竫公 秦文公之子,未继位便去世。

秦宁公 嬴立(前 715 年—前 704 年在位) 秦文公之孙。宁公二年(前 714 年),自郿邑(陕西郿县东北)迁都平阳(陕西眉县),同年派兵攻下亳戎荡社(陕西西安)部落。

秦出子 (前 703 年—前 698 年在位)秦宁公幼子,五岁即位,在位六年被杀。

秦武公 (前 697 年—前 678 年在位)秦宁公长子,在位时中国进入了春秋争霸的历史时期。

秦德公 (前 677 年—前 676 年在位)秦宁公次子,秦武公之弟,秦出子之兄。即位以后将国都迁至今天的陕西省凤翔县,自此后数百年秦稳定地以此为都。秦国的各项制度在秦武公、秦德公在位时期大体有了雏形,其国力也开始迅猛发展。

秦宣公 (前 675 年—前 664 年在位) 秦德公之长子、秦成公及秦穆公之长兄。在位期间赢得了与晋国的战争,即秦人在东方战线的第一战。

秦成公(前 663 年—前 660 年在位) 秦德公次子,在位仅三年。

秦穆公 嬴任好(前 659 年—前 621 年在位)秦德公之子,"春秋五霸"之一。秦穆公胸怀大志,非常重视人才,其任内获得了百里奚、蹇叔、丕豹、公孙支等贤臣的辅佐,曾协助晋文公回到晋国夺取王位。周襄王时出兵攻打蜀国和其他位于函谷关以西的国家,开地千里,因而周襄王任命他为为西方诸侯之伯,遂称霸西戎。

秦康公 嬴英（前620年—前609年在位）秦穆公之子，晋文公的外甥。在位期间，秦国与晋国多次发生战争，而秦国也从秦穆公时期的西戎霸主转向衰落。

秦共公 嬴和（前608年—前604年在位）秦康公之子，《吕氏春秋》中所谓的"秦三公"是指秦穆公、秦康公、秦共公三人。

秦桓公 嬴荣（前603年—前577年在位）秦共公之子。公元前594年7月，秦桓公出兵伐晋，两军在晋地辅氏（今陕西大荔县）恶战。

秦景公 嬴石（前576年—前537年在位）秦桓公之子，将秦国势力不断推向中原。秦景公为著名的"秦公一号大墓"主人，秦公一号大墓公然采用了天子葬仪，面积达5334平方米，是迄今为止中国发掘的最大古墓。

秦哀公 嬴籍（前536年—前501年在位）秦景公之子，有研究者认为秦哀公即为《诗经》中《秦风·无衣》的作者。

秦夷公 秦哀公之子，被立为秦公爵位继承人，但不幸早亡，未曾继位。

秦惠公（前500年—前491年在位）秦哀公之孙，秦夷公之子。

秦悼公（前490年—前477年在位）秦惠公之子。继位时正值秦国大乱，后来大将伍封大败秦、巴、蜀三国联军，平定秦国之乱。

秦厉共公 嬴利（前476年—前443年在位）

秦躁公（前442年—前429年）秦厉共公之子。在位时西戎民族义渠向秦发起大规模的进攻，直至渭水嵩域，被秦军击退。

秦怀公（前428年—前425年在位）秦厉共公之子，秦躁公之弟。秦怀公四年（前425年），秦庶长晁联合其它贵族逼秦怀公自杀。由于太子昭早卒，次年大臣立怀公之孙为君，是为秦灵公。

秦灵公 嬴肃（前424年—前415年在位）秦怀公之孙。秦灵公逝世时，嫡子嬴师隰只有五岁，灵公的叔父嬴悼子以嫡子年幼，便夺位自立为国君，即秦简公。嬴师隰被放逐到陇西河谷。

秦简公 嬴悼子（前414年—前400年在位）秦怀公之子。夺其侄嬴师隰位，自立为秦王。在位期间曾在洛水西岸修筑长城，用以自守，史称"堑洛长城"。

秦惠公（前399年—前387年在位）在位的第十三年，对蜀国发动进攻，攻占了南郑。

秦出公 嬴昌（前386年—前385年在位）即位时两岁，由母亲主持朝政。继位第二年（前385年）左庶长嬴改发动政变，将秦出公、太后沉到渭水，迎接被嬴悼放逐的嬴师隰回国都雍城，是为献公。

秦献公 嬴师隰（前384年—前362年在位）秦灵公之子。在位期间致力于改革，废止了殉葬制度，推广初租禾政策，迁都栎阳（陕西临潼），推广郡县制和户籍制度，为秦孝公时期的商鞅变法奠定了基础。

秦孝公 嬴渠梁（前361年—前338年在位）秦献公之子。在位时重用商鞅实行变法，奖励耕战，并迁都咸阳（今陕西咸阳北）。

秦惠文王 嬴驷（前337年—前311年在位）秦孝公之子，宣太后芈月之夫。在位期间北扫义渠，西平巴蜀，东出函谷，南下商於，开启了秦军统一天下的步伐。

秦武王 嬴荡(前310年—前307年在位)秦惠文王之子,最大的愿望就是见九鼎,九鼎乃天下的象征。于是发兵进攻羸弱的周天子都城洛阳。在周室太庙,武王举周鼎,不能持,受伤而死。

秦昭襄王 嬴稷(前306年—前251年在位)秦惠文王与宣太后芈月之子,中国历史上在位时间最长的国君之一。著名的长平之战就发生在其执政期间。秦昭襄王重用范雎、白起,成就了秦军的威名。

秦孝文王 嬴柱(前250年—前250年在位)秦昭襄王次子,秦始皇祖父,在位仅一年(有传说在位仅三天,服太子子楚所进美酒后猝死)。初封太子,号安国君。

秦庄襄王 嬴异人（前249年—前247年在位)秦王嬴政之父。早年在赵国邯郸做人质,后在吕不韦的帮助下成为秦国国君,秦始皇建立秦朝后,追封其为太上皇。

秦始皇帝 嬴政（前247年—前210年在位）中国历史上著名的政治家、战略家、改革家,首位完成华夏大一统的铁腕政治人物。建立首个多民族的中央集权国家,曾采用三皇之"皇"、五帝之"帝"构成"皇帝"的称号,是古今中外第一个称皇帝的封建王朝君主。

秦二世皇帝 胡亥(前210年—前207年在位)秦始皇第十八子,公子扶苏之弟。秦二世即位后,赵高掌实权,实行残暴的统治,终于激起了陈胜、吴广起义,六国旧贵族复国运动。

秦末王 嬴子婴(前207年在位)秦始皇嫡长孙,在位仅四十七天。在刘邦进入汉中后,亲自到刘邦军中投降,秦朝正式终结。